Manifeste d'une société juste grâce à l'IA

Et autres digressions

Bruno Ciroussel

COPERNICUS IP

Essai
Texte intégral

Édition : BoD – Books on Demand, info@bod.fr
Impression : BoD – Books on Demand, In de Tarpen
42, Norderstedt (Allemagne)
Impression à la demande
Dépôt légal : Novembre 2023

Design de couverture : Copernicus IP

Première édition : septembre 2023
© 2023 Bruno Ciroussel
ISBN : 978-2-3225-0737-5

Copernicus IP
Rue Saint-Pierre 18
CH-1700 fribourg

Avant-Propos

L'utilisation du Big Data et de l'intelligence artificielle représente une avancée majeure dans la manière dont nous pouvons concevoir et mettre en œuvre des processus sociaux plus justes, efficaces et résistants à la corruption. Ces technologies offrent la possibilité de collecter, analyser et interpréter d'énormes volumes de données, ce qui ouvre la porte à des prises de décision plus éclairées et à une gouvernance plus transparente, avec l'objectif de servir au mieux l'intérêt général.

Cependant, l'adoption de ces approches innovantes comporte son lot de défis. Sur le plan sociologique, il est essentiel de prendre en compte les implications de ces technologies sur la société dans son ensemble. Cela inclut la nécessité de garantir que l'utilisation du Big Data et de l'IA ne conduise pas à une exclusion accrue des individus ou à une discrimination, mais plutôt à une représentation équitable de toutes les voix et à une meilleure prise en compte des besoins de chacun.

Du point de vue économique, il est crucial de veiller à ce que ces technologies profitent à l'ensemble de la population et n'accentuent pas les inégalités existantes. Les avantages potentiels, tels que des services publics plus efficaces ou une meilleure allocation des ressources, doivent être accessibles à tous, sans discrimination.

Enfin, il est important de noter que, bien que le Big Data et l'IA puissent jouer un rôle essentiel dans la transformation de notre société, ils ne sont pas une panacée. Ils doivent être utilisés de manière éthique et responsable, en tenant compte des valeurs fondamentales de justice, de transparence et d'équité. En veillant à relever ces défis sociologiques et économiques, nous pouvons exploiter pleinement le potentiel de ces technologies pour bâtir un avenir plus juste et plus équitable pour tous.

Bruno Ciroussel

Table des matières

LIMINAIRE

J'ai consigné quinze années de recherche et de développement approfondis dans mon livre, intitulé "*Innovation unchained: Manual AITEK 6*", qui est maintenant disponible en librairie. À travers ses pages, j'explore en détail les concepts complexes de ma plateforme révolutionnaire d'apprentissage automatique. Cette plateforme se distingue notamment par son utilisation pionnière de l'Auto-ML, sa base de vecteurs maison, son système de gestion des processus automatique et autonome, ainsi que ses tableaux de bord prédictifs pertinents. De plus, j'introduis l'intégration de solutions métier appelées cartouches de connaissances, qui viennent renforcer davantage ses capacités.

En poursuivant ma vision de la société, j'ai appliqué cette plateforme innovante pour explorer la rencontre entre la démocratie directe et l'intelligence artificielle. Mon essai, également disponible en librairie, incite à la réflexion en examinant le potentiel de transformation résultant de cette fusion, il s'agit du présent ouvrage.

Repoussant les limites de l'exploration, j'embarque dans un voyage imaginaire, dans un univers dystopique, au sein du genre de la science-fiction. Dans mon roman "L'espace d'un instant", disponible en librairie, je pousse la société dans ses retranchements les plus sombres avec les déviations possibles, explorant les complexités et les défis qui se présentent lorsque ma plateforme et l'IA sont confrontés à des circonstances redoutables.

J'ai commencé ce document en février 2016. Il est né de l'émergence nourrie par trois phénomènes personnels (je donnerai les définitions des termes importants dans le paragraphe définition après les traditionnels avertissement) :

Mon type de raisonnement : je suis un capitaliste libertaire, issu de la branche anarchiste compassionnelle et conséquentialiste bayésien, sceptique et pratiquant la CNV. J'ai grandi dans un milieu protestant évangélique qui a développé en moi un sens aigu de la justice sociale, de l'équité et de l'importance de respecter une éthique, mais aussi de composer avec des responsables trop souvent déontologiques.

Ma profession : à l'époque, je travaillais sur la version Aitek3 de ma plateforme de maîtrise de la connaissance par l'IA, fondée sur le gestionnaire de big data avec sa base vectorielle propriétaire. Le développement informatique de la plateforme que je concevais était réalisé par l'une de mes structures offshores en Tunisie.

Mon expérience personnelle : en 2013, je suis revenu en Suisse après avoir passé sept ans en Tunisie pour superviser personnellement le développement et les premiers pilotes de mise en œuvre de ma plateforme IA dans ses versions Aitek1 (StarFRameWork) et Aitek2 (nom commercial : BI++). J'ai participé, à ma manière, à la révolution tuni-sienne en prenant part aux manifestations et en devenant membre dès sa création de "Nur", une organisation fondée par mon ami Maher Kallel. En 2013, je me suis retiré, étant en décalage total entre la réalité telle que je la percevais et ma vision de la société. Je suis retourné en Suisse en conservant ma société de développement et mes développeurs sur place, et cette expérience de la révolution tunisienne vécue de l'intérieur a beaucoup nourri ma réflexion.

J'ai transmis cette première version en septembre 2016, encore à un stade embryonnaire, à mon collègue Guillaume Saouli, à l'époque Président des *Pirate Parties International en Suisse*, pour qu'il puisse la relire et me donner un avis. Il a eu la gentillesse de fournir des commentaires très pertinents tant sur le fond que sur la forme, ce qui m'a donné l'occasion de procéder à une première révision pour créer la version 2 que j'ai immédiatement archivée dans mon ordinateur.

En effet, la sortie de la version Aitek3 de la plateforme et le développement commercial qui en a découlé ont finalement eu raison de ma volonté de poursuivre la rédaction de ce document.

En décembre 2017, les arguments que j'ai dû préparer pour ma participation à un débat télévisé sur l'IA pour la chaîne de banque *Dukascopy* avec mon ami Jean-Marie Leclerc (ancien directeur de l'informatique du canton de Genève) m'ont rappelé l'existence de ce document. J'ai donc enrichi son contenu avec tous ces matériaux, ce qui a permis à la version 3 de voir le jour.

Pour ceux que cela intéresse, ce débat est visible en deux vidéos sur le site de *Dukascopy* et sur *Youtube* :
https://www.youtube.com/watch?v=SDzV1j1jlFc
https://www.youtube.com/watch?v=Nfm-jnjBQC4&t=134s

Ce document, dans sa nouvelle version, a tranquillement repris sa place dans le répertoire "BrunoPriv/Memoire/" pour un certain temps, pour les mêmes raisons que pour la version précédente.

Ce "temps certain" s'est en réalité transformé en "un certain temps", car il s'est écoulé six ans avant que je reprenne ce document. Mes activités de recherche, d'enseignement et d'entrepreneur, ainsi que la restructuration de mon entreprise en séparant l'activité sécurité défense (Squadbotik SA) des activités civiles (Intertech Ventures SA), ont pratiquement monopolisé tout mon temps disponible.

En mai 2023, je venais juste de terminer la rédaction de mon Concept Manual (Aitek 6) qui allait prochainement être publié. Profitant du pont de l'Ascension, j'ai décidé de me rendre au magnifique complexe du *Ard Wa Samaa* à Marrakech, chez mon ami Michel Menghetti. C'est là, sous la "tente bar", près de la piscine, après une discussion sur la spiritualité, l'écologie et la technologie, que j'ai décidé de profiter du temps et de ce cadre magnifique pour finaliser ce document et finalement le publier.

Des engagements passionnés et la densité de mes projets au cours des trente dernières années ont eu un coût important. J'ai été parfois un père absent et mes rares activités privées ont été trop souvent entrecoupées par des appels incessants. Cependant, cela n'a pas empêché l'amour, avec un grand "A", et j'ai néanmoins eu d'excellents moments privilégiés avec mes enfants.

C'est pourquoi je dédie ce document à mes quatre enfants, classés par âge : Jonathan, Sébastien, Jasmyne et Adam, respectivement Jon, Bastou, Mymyne et Falous.

AVERTISSEMENT

Ce document n'est ni une thèse ni une leçon. C'est un simple essai au sens littéral du terme, qui est le résultat d'une réflexion personnelle émanant de mon cœur avec ses contradictions et ses imprécisions. Il est là pour faire avancer le débat et non pour le clore. Je souhaite simplement partager ma compréhension du monde qui m'entoure et une forme de contribution à le faire évoluer vers un monde dans lequel je souhaite vivre. Mon approche essaie de tenir compte de manière pragmatique de la réalité et des orientations actuelles.

Prenez ce qui vous nourrit ou vous questionne, et laissez de côté ce qui ne trouve pas d'écho en vous ou ce qui semble aller à l'encontre de vos recherches personnelles et références. L'objectif est d'encourager la discussion et la réflexion, et chacun est libre d'interpréter et d'appréhender les idées présentées selon sa propre perspective.

Je n'ai pas la vérité absolue ni la science infuse, tout comme vous, cher lecteur. Nous sommes tous en quête de connaissances, de compréhension et de vérité, et nous devons reconnaître notre humilité face à l'immensité du savoir et la complexité du monde qui nous entoure. Le partage d'idées, de perspectives et d'expériences est précieux pour enrichir notre compréhension collective et favoriser une vision plus large et nuancée des choses. Gardons toujours à l'esprit avec humilité que l'ouverture d'esprit et le respect mutuel sont essentiels dans nos échanges et nos explorations intellectuelles en vue d'un meilleur bien-être collectif.

INTRODUCTION ET DEFINITIONS

Introduction

La communication et la collaboration sont des aspects essentiels de l'existence humaine. En tant qu'êtres sociaux, nous dépendons les uns des autres pour survivre, nous développer et acquérir des connaissances au-delà de notre patrimoine génétique. Depuis notre plus jeune âge, nous avons besoin de l'interaction avec des adultes et d'autres individus pour notre croissance et notre épanouissement et l'acquisition de la connaissance au-delà de notre patrimoine génétique.

Dans les sociétés de chasseurs-cueilleurs, par exemple, la collaboration est cruciale. Ces groupes s'appuient sur la coopération entre une dizaine d'individus pour assurer leur subsistance, tout en maintenant une certaine compétition avec d'autres groupes. Pour faciliter cette collaboration, les humains se tournent vers des mythes et des concepts partagés, qui bien qu'ils n'aient pas d'existence réelle, servent de fondement à notre compréhension collective du monde.

Les concepts tels que l'État, la loi, les frontières et la monnaie sont des constructions humaines, créées et acceptées dans notre système de croyances partagées. Ils sont des outils qui facilitent notre organisation et la cohésion sociale et notre interaction, bien qu'ils n'aient pas d'existence intrinsèque dans la réalité objective.

L'un des avantages majeurs de ces concepts est leur capacité à s'adapter rapidement par rapport à l'évolution biologique. Alors que les processus biologiques évoluent sur des échelles de temps considérables, les concepts culturels et sociaux peuvent être modifiés et adaptés beaucoup plus rapidement. Par exemple, notre plaisir endo statique, qui nous incite à stocker des nutriments dans notre corps lorsque nous y avons enfin accès, peut devenir problématique dans un environnement moderne où les ressources alimentaires sont abondantes et facilement accessibles, entraînant des problèmes d'obésité.

Il est important de reconnaître que de nombreux biais cognitifs que nous observons aujourd'hui étaient initialement des adaptations avantageuses dans un environnement sauvage. Par exemple, la peur paralysante pouvait sauver des vies face à certains prédateurs dans la savane il y a dix mille ans, mais elle peut être contre-productive dans le contexte du métro parisien.

En adoptant une perspective purement biologique, nous pouvons considérer tous ces systèmes d'organisation et de communication comme des processus et des modèles de pensée inter et intra-humains, qui n'ont pas d'existence intrinsèque dans la réalité objective, mais ont émergé de notre besoin de coopérer et de créer des structures pour faciliter nos interactions et notre compréhension du monde qui nous entoure.

Par le fait, notre organisation sociale repose sur des mythes et des concepts partagés, et il est possible de les manipuler dans le but d'en trouver des versions plus optimales ou de les adapter à de nouveaux paradigmes. Toutefois, il est important de reconnaître que la manipulation de ces concepts peut avoir des conséquences significatives et qu'il est crucial de gérer la transition de manière réfléchie.

Lorsque de nouveaux paradigmes ou versions de concepts sont proposés, il peut y avoir une période de transition pendant laquelle les anciennes croyances et structures doivent être remises en question et révisées. Cela peut entraîner des bouleversements sociaux, des conflits d'intérêts et des résistances au changement. La gestion du changement devient alors essentielle pour minimiser les conséquences désagréables et faciliter une transition harmonieuse.

Dans la gestion du changement, il est important d'impliquer les parties prenantes concernées, de communiquer de manière transparente et de créer un environnement propice à l'apprentissage et à l'adaptation. Il peut être nécessaire d'éduquer les individus sur les nouvelles idées ou les nouveaux concepts, de susciter leur compréhension et leur soutien, et de les encourager à participer activement au processus de changement. En outre, il est important de tenir compte des répercussions potentielles du changement sur les individus, les groupes et la société dans son ensemble, afin de mettre en place des mesures d'atténuation appropriées.

Il convient également de noter que les changements sociaux ne se produisent pas du jour au lendemain. Ils peuvent nécessiter du temps, des efforts et des ajustements continus pour s'assurer qu'ils sont durables et bénéfiques à long terme. La compréhension et la prise en compte des dynamiques sociales complexes, des valeurs culturelles et des diversités sont également essentielles dans la gestion du changement.

En fin de compte, la manipulation des concepts partagés dans notre organisation sociale peut être une démarche nécessaire pour progresser et s'adapter aux défis et aux évolutions de notre monde. Cependant, il est important d'adopter une approche réfléchie, inclusive et éthique dans la gestion de ces transitions, afin de minimiser les conséquences négatives et de favoriser des changements constructifs pour l'ensemble de la société.

Définitions

Je vais exposer ma compréhension personnelle des termes et concepts utilisés dans le liminaire ainsi que ceux utiles par la suite, en reconnaissant qu'elle est subjective, et la considérer comme mes axiomes. Cela me permettra d'établir les bases méthodologiques et philosophiques de mon argumentation.

Ensuite, je développerai mon approche de la démocratie directe, en mettant en avant le rôle de l'intelligence artificielle dans ce contexte. Je passerai ensuite à une analyse des défis auxquels l'humanité est confrontée avec l'avènement de l'IA, en explorant les implications et les questions éthiques que cela soulève. Enfin, je tenterai une conclusion en ouvrant la voie à une poursuite de la réflexion, en vous invitant à approfondir le sujet (pas sur Tiktok, je vous en saurai gré).

Capitalisme libertaire

Une idéologie qui combine des éléments du capitalisme et de l'anarchisme. Elle promeut la liberté individuelle, la gestion d'actif privés et le libre marché, tout en optimisant l'intervention de l'État dans les affaires économiques et sociales.

En tant que partisan du capitalisme libertaire, je soutiens que les individus devraient avoir le droit de gérer leurs propres biens et ressources.

Dans cette approche, la propriété privée est substituée par la gestion exclusive d'actifs avec usufruits, ce qui consiste plutôt à veiller à ce qu'ils génèrent de la valeur pour la communauté. Dans ce contexte, je suis favorable à la redistribution de cette valeur générée plutôt qu'à l'utilisation d'un système d'impôts traditionnel.

Selon cette approche, la redistribution de la valeur à la communauté serait inversement proportionnelle à la valeur générée pour la communauté par les actifs sous "gestion". Par exemple, si quelqu'un gère des actifs (que l'on appelle aujourd'hui « propriété privée ») qui ne génèrent aucune valeur, une taxe de redistribution de 100% serait prélevée, tandis que s'ils génèrent 100% de valeur, il n'y aurait aucune taxe de redistribution.

Cela reflète ma volonté de mettre en place un système où la contribution et la création de valeur pour la communauté sont prises en compte dans la redistribution des ressources, plutôt que de simplement prélever un pourcentage fixe à travers l'impôt.

Il est important de noter que mon approche peut s'inscrire dans le cadre d'une vision plus large de l'économie et de la politique, et que sa mise en œuvre pratique nécessiterait une réflexion approfondie sur les mécanismes et les modalités de redistribution de valeur équitablement et efficacement. Je suis un ardent défenseur du principe de non-agression, selon lequel les interactions humaines doivent être basées sur le consentement mutuel et le respect des droits de propriété commué en gestion d'actifs avec usufruits, dans la mesure où une redistribution équitable des richesses transgénérationnelles s'opère.

Dans la société telle que je la souhaite les marchés doivent être libres avec des limites ayant une date de péremption, négociée dépendamment des conséquences collectives 360° et CoPétitif (compétions dans la collaboration). Je considère cela comme le meilleur moyen d'allouer les ressources, de stimuler l'innovation et de favoriser la prospérité collective. Je ne suis pas pour une déréglementation intrinsèque ou une suppression des impôts au détriment du plus grand nombre et contre la suppression des droits de propriété, mais pour une redéfinition et une recontextualisation de ces paradigmes.

Il est néanmoins important de noter que le concept de capitalisme libertaire peut varier d'un individu à l'autre, et différentes interprétations peuvent exister ; vous avez la mienne.

Anarchisme compassionnel

C'est ma compréhension de l'anarchisme qui met l'accent sur la compassion, l'empathie et la solidarité en tant que valeurs centrales de la société. Je cherche à combiner les idéaux anarchistes de liberté et d'autonomie individuelle avec une sensibilité sociale et une préoccupation pour le bien-être des autres et de moi-même.

Un de mes objectifs est de trouver un centre de gravité entre la résolution de mes besoins et du respect de ceux des autres et de choisir la vie.

Dans ma pratique de l'anarchisme compassionnel, je reconnais l'importance de la coopération dans une forme de compétition non violente (que j'appelle la CoPétition) et de l'entraide mutuelle dans la construction d'une société juste et égalitaire. J'essaie de mettre l'accent sur la suppression des structures de pouvoir coercitives et hiérarchiques, tout en promouvant des relations horizontales et égalitaires entre les individus.

Je désire supprimer le concept de punition et de récompense que je remplace par la pose de limites et la célébration (mais malheureusement mon éducation biaise souvent cette volonté).

En tant qu'anarchistes compassionnels je m'opposent aux formes d'oppression, qu'elles soient basées sur le genre, la classe sociale, l'ethnie, l'orientation sexuelle ou toute autre forme de discrimination. Je cherche à créer des espaces et des structures non autoritaires où les individus peuvent s'épanouir pleinement et s'engager dans des relations mutuellement bénéfiques.

Mes essais dans le concret au travers de mes entreprises ont eu, je dois le reconnaitre, des résultats mitigés : quelques victoires par-ci par-là, mais surtout beaucoup d'échecs qui eux m'ont énormément appris et construit.

J'y inclus aussi des aspects écologiques, en mettant l'accent sur la responsabilité envers l'environnement naturel et la promotion de modes de vie durables et respectueux de la Terre.

L'anarchisme compassionnel peut prendre différentes formes et interprétations autres que les miennes, car il n'y a pas de doctrine unique et centralisée dans l'anarchisme. Les pratiques et les approches peuvent varier selon les communautés et les individus, ainsi, naturellement, j'ai mon approche personnelle que je partage et essaie de mettre en pratique autant que je le peux dans mon écosystème.

Conséquentialiste bayésien

Être conséquentialiste bayésien, c'est adopter une approche éthique fondée à la fois sur le conséquentialisme et sur la théorie de la probabilité bayésienne.

Le conséquentialisme est une théorie éthique qui soutient que la moralité d'une action doit être évaluée en fonction de ses conséquences. Selon le conséquentialisme, une action est considérée comme moralement bonne si elle produit les meilleures conséquences possibles pour toutes les parties prenantes, généralement en maximisant le bien-être ou en minimisant la souffrance pour le plus grand nombre de personnes concernées.

Trouver le « barycentre du bonheur ».

La théorie de la probabilité bayésienne, quant à elle, est une approche qui utilise les probabilités pour quantifier l'incertitude et mettre à jour les croyances en fonction de nouvelles informations. En tant qu'adepte de la théorie de la probabilité bayésienne, j'utilise les probabilités pour évaluer les différentes options et prendre des décisions en fonction de l'évidence disponible.

Ainsi, j'essaie de combiner ces deux approches. Je cherche à évaluer les actions morales en fonction de leurs conséquences, en utilisant les principes du conséquentialisme. Par ailleurs, j'utilise également les outils de la théorie de la probabilité bayésienne pour évaluer les probabilités des différentes conséquences et mettre à jour mes croyances en fonction des nouvelles informations.

En résumé, un conséquentialiste bayésien est un individu qui évalue les actions morales en fonction de leurs conséquences tout en utilisant la théorie de la probabilité bayésienne pour quantifier l'incertitude et prendre des décisions en fonction des probabilités : la probabilité de A sachant B.

CNV

La **C**ommunication **N**on-**V**iolente est un processus de communication développé par le psychologue américain Marshall B. Rosenberg. Elle vise à favoriser une communication respectueuse, empathique et constructive entre les individus, en évitant les jugements, les critiques et les conflits.

Je tiens à préciser que c'est avant tout une méthodologie qui, dans ma compréhension et pratique, est exclusivement en premier lieu pour engager un dialogue intérieur, une communication avec moi-même dans le but de clarifier mes pensées, de me calmer et d'adopter une attitude juste par rapport à un des stimulus extérieur ou intérieur.

La non-violence, dans sa dimension psychologique, se réfère principalement à la manière dont nous nous traitons nous-mêmes sur le plan émotionnel, mental et spirituel. Elle consiste à cultiver des attitudes bienveillantes, à développer une compréhension profonde de soi-même et à s'engager dans des pratiques qui favorisent la paix intérieure et l'harmonie.

Lorsque nous sommes en proie à des pensées et à des émotions négatives, telles que la colère, l'hostilité ou le ressentiment envers nous-mêmes, cela peut créer une spirale destructive qui perturbe notre bien-être émotionnel ainsi que celui d'autrui et nuit à notre capacité à communiquer efficacement avec nos semblables.

La non-violence envers soi-même implique donc de reconnaître ces schémas destructeurs, de les accepter sans jugement et de les transformer avec compassion. Cela peut nécessiter des pratiques telles que la méditation, la pleine conscience, l'autocompassion et la gestion des émotions. En développant une relation plus aimante envers soi-même, nous sommes mieux équipés pour cultiver des relations saines et respectueuses avec les autres.

Il est important de souligner que la non-violence envers soi-même ne renie pas la nécessité d'agir avec fermeté et de se protéger lorsque cela est nécessaire. Elle consiste plutôt à cultiver une approche de compassion et de compréhension envers nos propres imperfections et à faire preuve de bienveillance envers nous-mêmes dans nos pensées, nos paroles et nos actions.

La CNV repose sur l'idée que les êtres humains ont des besoins universels fondamentaux, tels que le respect, la compréhension, l'autonomie, la sécurité, l'appartenance, etc.. Elle encourage les individus à exprimer leurs sentiments et leurs besoins de manière claire et authentique, tout en écoutant activement les autres avec empathie.

La CNV propose un processus en quatre étapes pour faciliter la communication :

Observation : décrire intérieurement de manière objective la situation ou le comportement observé, sans jugement ni interprétation (une des plus grandes difficultés pour moi dans cette méthode) ;

Sentiments : identifier et exprimer mes sentiments personnels liés à cette observation ;

Besoins (toujours dans un dialogue intérieur) : identifier mes besoins sous-jacents, qu'ils soient satisfaits ou non dans cette situation ;

Demande : formuler une demande claire et concrète pour répondre aux besoins identifiés, en évitant les exigences et les reproches.

L'objectif de la CNV est de promouvoir une compréhension mutuelle, une résolution pacifique des conflits de prime abord intérieurs puis une instauration de relations harmonieuses. Elle encourage les individus à prendre la responsabilité de leurs propres émotions et besoins, tout en cultivant l'empathie envers les autres.

Il convient de noter que la CNV est un processus complexe qui demande de la pratique et du temps pour être maîtrisé.

Elle peut être appliquée dans divers contextes, tels que les relations personnelles, le milieu professionnel, l'éducation, la médiation, etc.

Le scepticisme

Une approche philosophique qui remet en question les croyances et les connaissances, et qui adopte une attitude d'incertitude et de doutes envers les affirmations ou les vérités établies. Le scepticisme encourage l'examen critique et la remise en question des idées, des arguments et des preuves.

Le scepticisme peut prendre différentes formes et s'appliquer à différents domaines de la connaissance, tels que la science, la religion, la philosophie, l'histoire, etc... Son objectif est de rechercher une compréhension plus rigoureuse et plus précise du monde en évitant les dogmes, les préjugés et les croyances non étayées.

Je remets souvent en question les certitudes absolues et tente de mettre en avant l'importance de l'évidence empirique, de la rationalité et de la logique pour évaluer les revendications et les théories. Je souligne ici l'importance de la prudence intellectuelle et de la réserve face aux affirmations qui manquent de preuves solides.

Mon approche du scepticisme est fondée sur l'adoption d'une position de questionnement, d'examen critique et de recherche constante de preuves plutôt que sur un rejet total des croyances et des connaissances. Cela reflète une approche épistémologique qui valorise l'ouverture d'esprit et la recherche de vérité fondée sur des preuves solides.

Mon approche de raisonnement implique également l'utilisation maximale du modèle bayésien. Comme nous l'avons vu plus haut, le modèle bayésien est une approche probabiliste qui permet d'évaluer et de mettre à jour les croyances en tenant compte de l'évidence empirique. Il repose sur la mise en relation d'une croyance initiale (le "sachant B") avec l'évaluation de la probabilité d'un nouvel événement (A), qui devient ensuite la nouvelle croyance (le "nouveau B").

Cette approche bayésienne me permet de maintenir une position d'incertitude tout en attribuant des probabilités (ou des degrés de croyance) compris entre 0 et 1. Je prends en compte le poids des autres informations et connaissances dans mon capital de croyances/connaissances personnel lors de l'évaluation des probabilités.

J'essaie ainsi une approche nuancée et réflexive de la recherche de la vérité, reconnaissant à la fois les limites de la certitude absolue et l'importance d'une évaluation critique basée sur l'évidence disponible.

Je me dois de faire une distinction entre le doute et le soupçon, surtout à ce jour où désinformation et théorie du complot foisonnent.

Le doute et la suspicion sont deux concepts bien distincts, même s'ils sont souvent liés à une incertitude. Voici, selon moi, la différence entre les deux :

Le doute se réfère à l'incertitude ou à l'indécision face à quelque chose. C'est un état d'esprit où l'on remet en question une croyance, une information ou une situation. Le doute surgit lorsque qu'une nouvelle information ou un nouvel évènement arrive et que l'on manque de preuves, de connaissances ou d'expérience pour parvenir à une certitude. Il peut être considéré comme une forme de questionnement ou de recherche de réponses.

La suspicion, en revanche, implique une méfiance, une idée préconçue et une croyance négative envers quelque chose ou quelqu'un. C'est un état d'esprit où l'on pense que quelque chose de mal peut être en cours. La suspicion peut découler de l'observation de comportements ou de signes qui éveillent la méfiance, ou encore de l'existence de rumeurs ou de témoignages peu fiables. Elle peut au mieux impliquer un sentiment de prudence ou de vigilance accrue, au pire entretenir et étoffer une rumeur.

Le doute est donc lié à l'incertitude et à l'indécision par manque d'information ou de faits, tandis que la suspicion est liée à la croyance négative. Le doute est neutre et ouvert à l'exploration, tandis que la suspicion est teintée de méfiance et conduit à des conclusions négatives.

En résumé, un vrai sceptique doute toujours, mais il ne soupçonne jamais.

Pour ma part, je suis proche de la sphère zététique francophone, sans en être un membre.

L'Etat

Dans ma vision, l'État est considéré comme une institution coercitive et hiérarchique qui exerce un pouvoir oppressif sur les individus et limite leur liberté. Je remets en question la légitimité de l'État en tant qu'autorité suprême, et après une période de transition, je pense que son abolition complète serait optimale.

L'État centralise le pouvoir entre les mains d'une élite politique et crée des structures de domination et de contrôle. Je critique également les systèmes étatiques pour leur propension à engendrer des inégalités sociales, des injustices et des violences.

L'idéal de l'Etat est toujours, selon ma compréhension personnelle, associé à la notion d'autogouvernance et d'organisation sociale horizontale. Je promeus toute formes de gouvernance décentralisée et directe, où les individus et les communautés prennent collectivement les décisions qui les concernent dans le respect mutuel. Je mets l'accent sur l'autonomie de chacun, la coopération volontaire et l'égalité.

La loi

La loi est un ensemble de règles et de normes établies empiriquement par une autorité, généralement l'État ou un clergé, qui a pour but de régir le comportement des individus et l'organisation des institutions au sein d'une société donnée. Elle définit les droits et les devoirs des citoyens, ainsi que les conséquences en cas de violation de ces normes.

La loi a plusieurs fonctions principales. Elle vise tout d'abord à maintenir l'ordre et la stabilité dans la société en régulant les comportements et les interactions entre les individus. Elle protège également les droits des individus que le législateur considère comme fondamentaux et assure sa vision de l'équité et de la justice en traitant les litiges et les conflits.

La loi est généralement élaborée par un processus de créations et d'améliorations, impliquant l'adoption de lois par un groupe dit "législatif", tels que le Parlement, le Congrès ou l'Assemblée Nationale. Les lois peuvent couvrir différents domaines : le droit pénal, civil, commercial, du travail, fiscal, etc. selon le découpage voulu par le groupe législatif etc...

Le système juridique comprend également des processus d'application et d'exécution. Cela peut impliquer des tribunaux et des juges chargés de résoudre les litiges conformément à la loi, ainsi que des organismes d'application de la loi chargés de faire respecter la législation en vigueur et d'enquêter sur les violations.

De par son coté empirique et élitiste, la loi peut varier d'un pays à l'autre et d'une société à l'autre, reflétant les valeurs, les traditions et les normes spécifiques de chaque communauté. Cependant, elle constitue un outil fondamental pour la gouvernance et la régulation des activités humaines dans le cadre d'une société organisée.

Déontologisme

Ayant eu à faire à une éducation donnée en grande partie par des déontologistes un peu psychorigides quant à la hiérarchisation des individus.

Cette rigidité dans mon éducation sur le respect hiérarchique sans dialogue possible m'a mis dans les bras de l'anarchisme compassionnel dès mon adolescence.

Je me dois de définir ce terme de déontologisme, car la confrontation à cette théorie morale m'a amené au conséquentialisme, mon amour des mathématiques au conséquentialisme bayésien, qui, lui, m'a naturellement conduit au scepticisme.

Le déontologisme est une théorie éthique qui se concentre sur les devoirs et les obligations morales. Il met l'accent sur l'idée qu'il existe des règles morales objectives et universelles qui doivent guider nos actions. Selon le déontologisme, une action est considérée comme moralement bonne si elle est conforme à ces règles et devoirs, indépendamment des conséquences qui en découlent.

L'une des formes les plus connues de déontologisme est l'éthique déontologique de l'impératif catégorique d'Emmanuel Kant. Selon Kant, les actions sont évaluées en fonction de la conformité à des principes moraux universels, tels que le respect de la dignité humaine et le respect des droits fondamentaux. Il soutient que ces principes doivent être suivis de manière inconditionnelle, quelles que soient les circonstances ou les conséquences.

Le déontologisme se distingue d'autres théories éthiques telles que le conséquentialisme, qui se concentre sur les conséquences des actions.

L'Intelligence Artificielle (IA)

L'intelligence artificielle est un domaine de recherche et de développement qui vise à créer des systèmes et des machines capables de réaliser des tâches nécessitant une intelligence humaine, en utilisant des techniques et des approches variées pour simuler et reproduire des capacités cognitives.

Un des élément clef est l'apprentissage automatique (*machine learning*) pouvant être supervisé, non supervisé ou supervisé par renforcement.

Pour simplifier, le mode supervisé consiste à pratiquer de grands jeux avec des données que l'on a préalablement étiquetées ; un exemple concret est un jeu d'apprentissage, comportant des millions de photos de chat pour que le programme apprenne à reconnaitre cet animal. La phase suivante consiste à lui montrer une multitude de photos d'animaux divers dont celles de chats. Le nombre d'erreurs est alors analysé (*accurracy rate*). Dès lors que les erreurs deviennent moins nombreuses et asymptotiques vers le minimal, le système est entrainé et prêt à l'emploi.

Das le cadre du non supervisé nous laissons le système trouver des catégories selon une approche topologique de la structure et nature des données.

À ce jour, ces pratiques reposent encore beaucoup sur des statistiques et de la probabilité mis sous forme algorithmique.

Le "*deep learning*", ou apprentissage profond pour rester francophone, est, quant à lui, un sous domaine de l'IA qui repose aussi sur le concept d'apprentissage automatique supervisé, où un modèle est entraîné sur un grand ensemble de données étiquetées pour apprendre à effectuer des tâches spécifiques, telles que la reconnaissance d'images, la traduction automatique, la génération de texte, la prédiction, etc. Le réseau de neurones artificiels profond est composé de multiples couches de neurones interconnectés, et chaque couche transforme les données en des représentations abstraites de plus en plus complexes. L'apprentissage se fait en ajustant les poids des connexions entre les neurones de manière itérative, à travers des algorithmes d'optimisation tels que la rétropropagation du gradient et du calcul matriciel.

Cette approche a connu des avancées significatives ces dernières années, en partie grâce à la disponibilité/ l'accès à de grandes quantités de données et à l'augmentation de la puissance de calcul des ordinateurs. Il est largement utilisé dans de nombreux domaines, notamment la vision par ordinateur, le traitement du langage naturel, la reconnaissance vocale, la recommandation personnalisée, la bio-informatique, et bien d'autres.

Effectivement, le *"deep learning"* présente un avantage significatif en termes de diffusion de connaissances. Une fois qu'un réseau de neurones profond est entraîné sur un ensemble de données, les connaissances apprises sont encapsulées dans les poids des connexions entre les neurones. Ces poids contiennent les informations sur les relations et les modèles présents dans les données d'entraînement.

Ainsi lorsque vous souhaitez transmettre ces connaissances à un réseau vierge, vous n'avez qu'à partager les valeurs des poids du réseau préalablement entraîné. Ce processus est souvent appelé transfert de connaissances ou transfert d'apprentissage. En transférant les poids du modèle pré-entraîné, vous pouvez initialiser le réseau vierge avec des connaissances déjà acquises, ce qui lui permet de démarrer à partir d'un état plus avancé et d'accélérer son apprentissage sur de nouvelles tâches.

Cette capacité de diffusion de connaissances est particulièrement utile dans des scénarios où l'ensemble des données d'entraînement est limité ou coûteux à collecter. A défaut de recommencer l'apprentissage à partir de zéro pour chaque tâche, il est alors possible de réutiliser les connaissances d'un modèle existant et de les adapter à de nouvelles données spécifiques.

La capacité de trouver des modèles, de reproduire ou de prédire des phénomènes est distincte de la compréhension approfondie des phénomènes sous-jacents. Le hasard peut être perçu comme une manifestation de notre ignorance lorsque nous ne sommes pas en mesure de trouver de modèles ou de prévoir certains résultats.

Dans le processus scientifique, les chercheurs utilisent souvent des expériences de pensée, des hypothèses et des modèles pour déduire des règles et des motifs, qu'ils peuvent ensuite vérifier expérimentalement pour valider ou invalider leur compréhension. Cela implique une approche basée sur la connaissance préalable pour formuler des hypothèses et des prédictions.

D'autre part, l'intelligence artificielle, y compris le *deep learning*, peut trouver des motifs et des corrélations dans de grandes quantités de données, mais elle peut ne pas nécessairement aboutir à une compréhension approfondie des phénomènes. L'IA est souvent utilisée pour extraire des informations utiles à partir de données complexes, mais elle peut ne pas fournir une explication causale ou une compréhension conceptuelle plus profonde.

Un exemple pertinent est celui de l'utilisation de votre GPS. L'IA peut être utilisée pour trouver des corrélations et des corrections dans les données du GPS, mais elle ne peut pas nécessairement déduire la théorie de la relativité d'Albert Einstein qui sous-tend ces corrections. Cela nécessiterait une compréhension conceptuelle plus approfondie et une analyse théorique.

En résumé, la capacité de trouver des modèles et de prédire des phénomènes, telle qu'utilisée dans l'IA, est distincte de la compréhension conceptuelle approfondie des phénomènes sous-jacents. L'IA peut être un outil puissant pour extraire des informations utiles à partir de données, mais elle peut ne pas fournir une compréhension complète ou une explication causale des phénomènes.

PRESENTATION GENERALE

Présentation du projet

Le but est d'améliorer la gestion et la performance de l'État et de ses agents, et de réussir la menée des programmes politiques, comme suit :

L'objectif est de construire une démocratie directe possible efficiente et dégagée de la corruption, grâce aux outils Big Data, en les utilisant dans le respect des droits de l'homme et des libertés individuelles, grâce à des garde-fous méthodiquement intégrés.

Dans le cadre des élections démocratiques, le véritable challenge est d'organiser un système électoral garantissant une équité et une représentativité avérées.

Ces garanties se déclinent en termes de compétences des organes dirigeants, quelle que soit la strate de leurs activités, leur anti-corruption, la correction des défaillances humaines ou techniques, le câblage des objectifs et la planification des processus d'action en vue de les atteindre, et l'augmentation du contrôle et de la rectification des problèmes en cas de défaillances.

Dans ce cadre, il y a lieu de faire une distinction entre légitimité et légitimation. En effet, on peut être élu selon un mode électif direct ou indirect et donc obtenir la légitimation pour gouverner, mais cela n'implique pas que l'exigence de légitimité soit remplie.

Ainsi il convient de définir au préalable quels sont les critères de légitimité aux plans fonctionnel et réel. Cette définition doit se faire selon des critères précis, logiques, pragmatiques et validés scientifiquement, et l'État devient le garant de l'application de ces critères à l'intérieur de son propre système de gouvernance.

Processus de mise en application

Création d'une Assemblée constituante

Je propose un processus où les élections traditionnelles sont remplacées par un tirage au sort assisté par l'IA pour sélectionner les représentants.

Cette approche vise à garantir une représentation équitable et diversifiée et à supprimer la corruption, le gaspillage de ressources pour les campagnes, le népotisme et la manipulation.

Le fait d'avoir une assemblée constituante chargée de définir les règles et les critères pour le processus de sélection des représentants est une étape importante. Cette assemblée doit examiner des questions clés tels que les sources de données pertinentes pour que l'IA puisse donner des résultats pertinents, les règles de protection des données personnelles et les critères de légitimité pour le tirage au sort.

Les données nécessaires

Sources de données : il est essentiel de déterminer les sources de données qui seront utilisées pour le processus de tirage au sort. Cela peut inclure des bases de données gouvernementales, des données publiques, des enquêtes démographiques, des données socio-économiques, etc… L'assemblée constituante doit établir des critères pour sélectionner les sources les plus fiables, pertinentes et représentatives.

Protection des données personnelles : La confidentialité et la protection des données personnelles sont des préoccupations importantes. L'assemblée constituante devrait définir des règles strictes pour garantir que les informations personnelles des individus ne sont pas compromises ou utilisées de manière abusive. Les lois et les normes de protection des données existantes peuvent servir de base, mais il peut être nécessaire d'adapter ces règles en fonction du contexte spécifique.

La constituante

Peu importe le niveau de découpage, qu'il s'agisse d'un niveau local, régional, national ou organisationnel, la gestion du vivre-ensemble est un aspect crucial de toute communauté ou entité organisée. Quelles que soient les raisons pour lesquelles les individus se rassemblent, qu'il s'agisse de partager des ressources, de réaliser des objectifs communs, de promouvoir des intérêts partagés ou de répondre à des besoins collectifs, une gestion efficace est essentielle pour maintenir l'harmonie, la coopération et le bien-être de tous les membres.

La gestion du vivre-ensemble implique de nombreuses dimensions, notamment la communication, la prise de décision, la résolution de conflits, la promotion de la justice sociale, l'équité et la participation démocratique. Il est important de mettre en place des structures et des processus appropriés pour faciliter ces aspects et garantir que les voix de tous les membres soient entendues et prises en compte.

Cela peut inclure la création de forums de discussion, de mécanismes de participation et de consultation, de politiques de traitement équitable, de processus de résolution de conflits et de prise de décision transparents et inclusifs. La promotion de la diversité, de l'inclusion et du respect mutuel est également essentielle pour favoriser un environnement harmonieux et respectueux au sein de la communauté ou de l'organisation.

En fin de compte, la gestion du vivre-ensemble vise à créer un environnement où les individus peuvent coexister, collaborer et s'épanouir ensemble, en reconnaissant et en respectant leurs droits, leurs besoins et leurs aspirations individuelles et collectives. Cela nécessite un engagement constant de dialogue, de compréhension mutuelle, d'adaptabilité et de recherche de solutions bénéfiques pour tous.

Effectivement, dans les petites communautés où la participation directe est possible, les critères d'éligibilité et l'élection des membres de la constituante peuvent être décidés lors de séances plénières ou de débats populaires. Dans ces contextes, les discussions ouvertes, les prises de parole et les échanges d'opinions peuvent jouer un rôle central dans le processus de détermination des critères et des représentants.

Les débats collectifs, en comité, peuvent permettre une compréhension plus approfondie des différentes perspectives, favoriser l'engagement des membres de la communauté et permettre la prise de décisions démocratiques basées sur le consensus ou la majorité.

Cependant, à mesure que la taille de la communauté augmente, il devient plus difficile de mener des débats collectifs impliquant tous les membres. C'est là qu'intervient le concept de l'assemblée constituante. Une assemblée constituante est un organe spécialement désigné et composé de représentants élus ou sélectionnés, chargé de définir les critères, les règles et les principes fondamentaux qui régissent la communauté ou l'organisation.

L'utilisation du *big data* et le recours à l'intelligence artificielle doivent également être envisagés pour faciliter un processus de prise de décisions justes selon les critères en enlevant les biais cognitifs, les risques de corruption, et en supprimant les coûts de marketing liés à des campagnes et en fournissant des informations et des analyses basées sur des données. Nonobstant, il est important de noter que l'application de ces outils doit être effectuée de manière responsable, transparente et inclusive, en tenant compte des préoccupations liées à la protection de la vie privée, à l'équité et à la représentativité.

En résumé, dans les petites communautés, les débats populaires et les séances plénières peuvent suffire à déterminer les critères d'éligibilité et à élire les membres de la constituante, tandis que dans les communautés plus grandes, l'utilisation de l'assemblée constituante peut être nécessaire pour garantir une représentation adéquate et un processus décisionnel équitable. L'utilisation du *big data* et de l'IA est la seule option vraiment viable, mais doit être accompagnée d'une réflexion approfondie sur les implications éthiques et sociales.

Les critères de légitimité des représentants sont élaborés par une Assemblée populaire de type constituante, tirée au sort par un outil de « *Big Data* » selon des critères précis définis et validés par la collectivité.

Pour éviter le biais de sélection et garantir une représentativité équitable au sein de l'Assemblée constituante, il est courant de mettre en place des critères de tirage au sort qui prennent en compte diverses dimensions. Voici quelques critères qui pourraient être considérés.

Âge : l'établissement d'une fourchette d'âge équitable peut permettre de garantir une représentation intergénérationnelle et d'éviter une concentration excessive de participants d'une tranche d'âge spécifique.

Genre : il est important d'assurer une représentation équilibrée entre les sexes pour éviter les déséquilibres de pouvoir et favoriser la diversité des perspectives.

Origine économique et sociale : l'inclusion de personnes issues de différents milieux socio-économiques peut contribuer à une représentation plus équitable et à la prise en compte des intérêts de divers groupes.

Philosophie et valeurs : la diversité des convictions philosophiques et des valeurs permet de refléter les différentes visions du monde au sein de la société et d'éviter une concentration excessive d'une seule perspective.

Compétences juridiques et expérience : L'inclusion de personnes ayant des compétences juridiques ou une expérience dans des ONG, des entreprises privées ou publiques, peut apporter une expertise spécifique et une connaissance pratique des enjeux liés à la gouvernance et à la prise de décision.

Il est important de noter que ces critères doivent être conçus de manière à garantir une représentation équitable et à éviter toute forme de discrimination ou de favoritisme. De plus, la transparence dans le processus de sélection et la participation active de la communauté dans la définition de ces critères peuvent renforcer la légitimité et la confiance dans l'Assemblée constituante.

Il convient également de souligner que ces critères peuvent varier en fonction du contexte spécifique et des besoins de la communauté. L'objectif est d'établir des critères inclusifs qui permettent une représentation équilibrée et une prise de décision collective et démocratique.

L'Assemblée constituante du peuple choisira les critères qui seront ensuite validés au regard des principes légaux internationaux relatifs aux droits de l'homme et des droits fondamentaux, par un Conseil supérieur d'experts, lui-même élu selon des critères de compétences reconnus et tirés au sort selon la méthodologie développée ci-dessous.

Ces critères seront approuvés par les membres de la communauté.

Une fois que l'Assemblée constituante a établi les critères de fonctionnement, l'Etat en devient le garant.

Les budgets de la constituante

Il est intéressant de proposer l'utilisation d'outils collaboratifs en ligne et de réunions à distance pour faciliter le fonctionnement de l'Assemblée constituante, réduire les coûts et favoriser la participation des citoyens. Ces méthodes permettent en effet une plus grande souplesse et une participation plus large, ce qui peut renforcer la légitimité et la représentativité de l'Assemblée.

La mise en place d'un protocole pour chaque réunion, avec un résumé des discussions et une définition de la prochaine étape, est une pratique importante pour assurer la transparence et permettre à tous les citoyens de suivre le processus de décision. La publication de ces informations sur une plateforme collaborative accessible à tous les citoyens permettrait leur lecture et la possibilité de commenter, créant ainsi une dynamique d'échanges et de participation.

L'utilisation de *chatbots* pour filtrer et synthétiser les commentaires des citoyens peut aider à gérer le volume d'informations et faciliter la prise de décisions des membres de l'Assemblée constituante. Cela peut contribuer à garantir que toutes les voix soient prises en compte de manière équilibrée.

L'indemnisation des membres de l'Assemblée constituante sera couverte par le revenu universel, s'agissant d'un travail et non d'un emploi (voir le paraphe y relatif page 62).

Il est important de prendre en compte les frais de communication et de système d'information, y compris ceux liés aux salles de réunion et aux infrastructures nécessaires ainsi qu'aux déplacements et aux conseils. Ces éléments sont essentiels pour assurer une communication efficace et un fonctionnement fluide des réunions et des échanges d'informations au sein de l'organisation ainsi qu'une vraie optimisation des compétences.

La détermination du budget doit être réalisée de manière transparente et équitable, en tenant compte des réalités économiques de la population concernée et en garantissant une représentation diversifiée.

L'ouverture d'un site de financement participatif pour couvrir le budget de l'Assemblée constituante implique les citoyens et garantie une participation financière collective. Une fois que le budget est couvert grâce aux contributions des participants, il est possible d'ouvrir le site d'inscription pour les volontaires souhaitant s'inscrire à l'Assemblée constituante.

Le paramétrage des critères de sélection est une étape importante pour garantir la diversité et la représentativité des membres de l'Assemblée. Il peut s'agir de critères tels que l'âge, le genre, l'origine socio-économique, les compétences juridiques ou l'expérience dans des domaines pertinents. L'utilisation de l'intelligence artificielle pour effectuer un tirage au sort des membres peut également contribuer à garantir une sélection aléatoire et équitable.

Il est essentiel de mettre en place un processus transparent et fiable pour la sélection des membres de l'Assemblée constituante.

La combinaison de financement participatif, d'inscription volontaire et de tirage au sort assisté par l'IA peut permettre d'atteindre un équilibre entre la participation citoyenne, la diversité des membres et l'objectif de représentativité démocratique au sein de l'Assemblée constituante.

La mise en place de telles méthodes nécessite une planification minutieuse, une gestion adéquate des plateformes collaboratives et des outils technologiques, ainsi qu'une transparence et une responsabilité accrues. L'objectif est de favoriser une participation démocratique effective et inclusive, tout en garantissant la qualité des débats et des décisions prises par l'Assemblée constituante.

MEMBRES ET PROGRAMME

Dans ce processus, une fois les critères de sélection validés, les citoyens peuvent s'inscrire volontairement pour participer à l'Assemblée constituante. L'utilisation de l'intelligence artificielle permet de choisir les deux meilleures personnes par poste à pourvoir, ce qui peut favoriser la sélection des candidats les plus qualifiés et compétents.

En ce qui concerne le programme, un site communautaire accessible à tous les membres est mis en place pour faciliter les échanges et les contributions. Les membres peuvent exprimer leurs opinions, partager leurs idées, faire des commentaires, des remarques et des propositions sur différents sujets. L'intelligence artificielle intervient pour synthétiser et classer ces contributions, en les pondérant en fonction de leur importance. Les résultats sont ensuite publiés en temps réel sur le site communautaire.

L'IA peut également fournir un indice de satisfaction par thème, en analysant les commentaires et les contributions des membres. Cela permet d'obtenir une mesure de l'opinion générale sur différents sujets et de guider les candidats dans l'élaboration de leurs programmes.

Les deux candidats sélectionnés auront ainsi accès à ces informations et pourront s'appuyer sur les résultats publiés et les indices de satisfaction pour proposer leur programme respectif. Cela permet d'intégrer les préoccupations et les opinions de la communauté dans l'élaboration des pro-grammes politiques.

Ce processus favorise la participation citoyenne, la trans-parence et l'inclusion, en permettant à tous les membres de la communauté de contribuer activement à la prise de décision et à l'élaboration des programmes politiques.

Sur cette base les candidats tirés au sort déclinent ces élé-ments formels en objectifs pour lesquels chaque candidat s'engage.

Le but de la description d'un programme sur un ensemble d'objectifs clairement définis et mesurables est d'éradiquer la démagogie.

OBJECTIFS

On pose les OBJECTIFS du programme.

LES BESOINS

Les objectifs doivent répondre au moins à un BESOIN du peuple tel qu'exprimé dans le document de synthèse "temps réel" fait par l'IA. Il sera enrichi par le candidat avec l'axe sociétal et de façon claire.

LES RISQUES

Chaque objectif est aussi décliné en termes de management des risques et de contrôle des risques associés à l'objectif. On ajoute au canevas d'analyse la description du scénario de dommages, et de coûts en cas de non-atteinte de l'objectif.

LES EFFETS (Impact)

On détermine les effets escomptés de la réalisation de chaque objectif :

Chacun des objectifs se mesure sur des critères d'impact, un exemple serait de viser la satisfaction des participants supérieure à 3%

On définit entre 1 et 5 indicateurs, 3 étant le nombre recommandé. Cet indicateur est concret et mesurable au plan qualitatif ou quantitatif, en termes de résultats escomptés.

Qu'attend-on comme impact ?

Exemples :

Un taux de CO2 réduit, entre telle mesure et telle mesure. Le délai d'attente pour une place en crèche.

LES RESSOURCES (Moyens)

Au vu des objectifs et des effets souhaités, on planifie les ressources avec des indicateurs en termes de ressources nécessaires.

On estime les moyens nécessaires, les moyens techniques et les processus.

Exemples :

Nombre de fonctionnaires,

Type de matériel existant ou à acquérir...

BUDGETS

Le programme (et donc les objectifs qui le composent) doit aussi s'inscrire dans une réalité économique. Ainsi le candidat doit concrètement évaluer les budgets nécessaires pour la mise en œuvre des moyens de son/ses objectif(s).

Sous forme de *business plan* simplifié

Pour la définition initiale du programme, le budget ne doit pas être supérieur à celui de la précédente période. Le candidat a toutefois l'opportunité de réallouer les ressources et de modifier les allocations selon les secteurs, mais il doit rester réaliste pour couvrir l'ensemble des besoins collectifs, et ne pas dépasser l'enveloppe globale.

Les budgets devront être couverts par un financement participatif.

LE PLAN DE MISE EN ŒUVRE (Savoir-faire)

On définit également l'utilisation de moyens définis, par le candidat et son équipe, afin d'obtenir les meilleurs résultats.

Ce procédé consiste également à la mise en place de 1 et 5 indicateurs, 3 étant le nombre recommandé. Cet indicateur est concret et mesurable au plan qualitatif ou quantitatif, en termes de résultats escomptés.

La question est la suivante : Comment mesurer la légitimité de mon action en vue de l'obtention du résultat dans le cadre de mes moyens ?

Par exemple :

- Le temps d'attente du guichet ;
- La formation des agents ;
- Le nombre de réunions de concertation et de coordination.

En effet, dans cette approche, l'accent est mis sur la transformation des besoins et des préoccupations de la communauté en programmes politiques concrets, dotés d'un budget et d'objectifs clairs et mesurables. Plutôt que de consacrer du temps et des ressources au marketing de campagne électorale traditionnel, l'accent est mis sur la consultation et l'engagement de la communauté pour comprendre ses besoins réels et élaborer des solutions adaptées.

Seul l'utilisation de l'intelligence artificielle et des outils de participation permet le succès d'une telle démarche en permettant une consultation totale des membres de la communauté. Les contributions et les commentaires sont analysés de manière à identifier les besoins et les prioriser.

Sur cette base, des programmes politiques sont élaborés avec des objectifs clairs et mesurables, ainsi qu'un budget détaillé pour mettre en œuvre ces programmes.

Cette approche favorise une démocratie vraiment participative et responsabilise les citoyens en les impliquant dans le processus de prise de décision. Elle permet de mieux répondre aux attentes de la communauté en identifiant et en priorisant les besoins réels. En utilisant les ressources disponibles de manière efficace, les programmes politiques peuvent être élaborés de manière plus ciblée et en adéquation avec les préoccupations de la population.

Cette approche nécessite une planification minutieuse, une gestion adéquate des outils technologiques et une transparence accrue dans le processus de décision. Malgré cela, elle offre l'avantage de mettre en exergue la véritable représentation des besoins de la communauté et de favoriser une gouvernance plus participative et inclusive.

UNE LEGITIMATION PRAGMATIQUE

La légitimation se fera par une élection directe, des candidats légitimes, sur la base de programmes formels qui couvrent des besoins identifiés de la population dont on connaît la finalité, les moyens requis et le mode opératoire pour leur mise en œuvre.

- Non pas sur un candidat à la légitimité inconnue (sauf par la direction des partis politiques).

- Ni sur la qualité d'un sourire sur une affiche optimisée par « photoshop ».

- Encore moins sur des pseudo-programmes démago-giques définis par des experts du marketing sur la base des théories de la psychologie comportementale.

Dans cette approche, une fois que le programme politique a été choisi par les citoyens, un site de financement parti-cipatif est ouvert pour permettre aux citoyens de s'engager financièrement dans la mise en œuvre du programme. Les citoyens peuvent contribuer selon leurs moyens et leur compréhension des besoins, en effectuant des versements mensuels jusqu'au plafond défini pour financer sa partie du budget annuel du programme.

Ce modèle de financement participatif permet de mobiliser les ressources nécessaires à la réalisation du programme politique sans dépendre de fonds publics ou uniquement de dons de grandes entreprises ou de groupes d'intérêt parti-culiers pouvant amener des biais.

Une fois le budget nécessaire bouclé grâce aux contri-butions des citoyens, le candidat élu peut alors prendre ses fonctions et mettre en œuvre le programme politique. Cela garantit que les ressources financières nécessaires sont disponibles pour réaliser les projets et atteindre les objectifs du programme.

Cette approche renforce la responsabilisation des citoyens et leur participation active dans le processus politique. Elle permet également de créer un lien plus direct entre les citoyens et leurs représentants politiques, en impliquant la population dans le financement des actions gouverne-mentales.

Je vais, dans le paragraphe suivant, décrire des méca-nismes de transparence et de responsabilité pour assurer une gestion rigoureuse des fonds collectés et garantir que les engagements pris dans le programme politique sont respectés.

AMELIORATION, ALERTE ET ADAPTATION

Dans cette approche, la participation et le suivi citoyens sont essentiels pour assurer la responsabilité et la transparence dans la mise en œuvre du programme politique. Voici comment cela pourrait se dérouler :

Les citoyens ont la possibilité de donner leur avis sur l'avancée du programme et les résultats obtenus. Cela se fait à travers des mécanismes de consultation, des sondages via une plateforme en ligne y dédiée.

L'évolution de la situation est suivie en se référant aux indicateurs de performance définis dans le programme politique lors de l'élection. Ces indicateurs permettent de mesurer les progrès réalisés et de vérifier si les objectifs fixés sont atteints.

Si un changement survient dans des circonstances, nécessitant une modification des objectifs ou du programme lui-même, ce changement est intégré de manière transparente et démocratique. Des consultations ou des débats peuvent avoir lieu pour déterminer les nouvelles orientations à prendre.

Un niveau d'alerte est établi, par exemple un pourcentage d'insatisfaction supérieur à x %. Si cet indicateur est dépassé, une alerte est donnée pour attirer l'attention sur les problèmes et la nécessité de prendre des mesures correctives.

L'agent public responsable de la mise en œuvre du programme se doit de réagir à l'alerte et de proposer un plan correctif dans un délai raisonnable, en fonction de la gravité de la situation.

Si le premier plan correctif ne donne pas les résultats escomptés, l'agent public doit soumettre un deuxième plan correctif au vote du peuple. Les citoyens auront alors la possibilité de décider de l'accepter ou de le rejeter au travers d'un processus démocratique.

Si le deuxième plan correctif est rejeté par la majorité des citoyens (motion de censure), l'agent public doit démissionner de ses fonctions. Cela ouvre la voie à une nouvelle nomination et une nouvelle élection, selon les principes établis.

Ce processus assure la responsabilité des agents publics et leur obligation de rendre des comptes à la population. Il permet aux citoyens d'exprimer leur opinion, de participer activement à la gouvernance et d'influer sur les décisions politiques. La démocratie directe et la transparence sont au cœur de ce système, favorisant ainsi la confiance et l'engagement des citoyens dans le processus politique.

Exemple concret Citons un exemple au niveau local dans le cadre de la ges-tion d'une commune :

Pour qu'un candidat puisse se présenter, il faut qu'il ait un certain nombre de compétences déjà établies et avérées dans le secteur dans lequel il va proposer ses services (aussi dit : « compétence de légitimité »). L'État sera le garant de la véracité des critères pour chacun des candidats et les intégrera dans un canevas de base du processus de sélection.

Nous pouvons imaginer les critères suivants, à titre exemplatifs et non exhaustifs :

- Le candidat doit connaître et avoir de l'expérience dans le domaine de compétence pour lequel il postule et dans lequel il va exercer par la suite une activité en tant qu'agent public. Exemple : les travaux, la petite enfance, l'aménagement du territoire, l'enseignement, l'économie, l'agriculture, la justice, etc. ;

- Le candidat doit avoir travaillé dans son domaine de prédilection pendant une période satisfaisante

- Il doit avoir réglé ses dettes communautaires ;

- Il n'est pas sous le coup de condamnations envers la communauté ;

- Il doit faire valoir son engagement dans la vie communautaire ;

- Il a le devoir d'être membre d'un parti reconnu par l'État.

- Il doit également répondre aux autres normes légales, éthiques en vigueur dans la communauté etc.

Le but visé est d'organiser un système de sélection et de légitimation des élus politiques et agents du gouvernement grâce à un management de qualité et aux technologies de l'information de type *Big Data*.

Une fois les critères de sélection définis, la Constituante va mettre en place le système suivant :

Les critères validés seront soumis de manière référendaire au peuple et le peuple validera ces critères. Les candidats qui souhaitent s'inscrire et déposer leur candidature s'inscrivent dans la case fonctionnelle de compétences. La Constituante définit les parités dans le tirage au sort tel que l'égalité homme-femme, équilibre intergénérationnel, etc. La base des candidats sera aussi le réceptacle de l'expression des besoins que la population a, exprimés sans filtre mais caté-gorisés (plus de places en crèche, un meilleur système de santé, plus de sécurité à tel endroit, la culture pour tous…)

Suite à cette étape, le programme informatique va tirer au sort deux configurations possibles avec deux candidats pour chaque poste.

La répartition devra suivre une distribution harmonieuse et représentative de la population et définie par la Consti-tuante.

C'est donc l'IA qui remplace une campagne électorale coû-teuse en temps et en ressources et choisit les deux meilleurs candidats possibles par poste, en fonction des critères pré-définis et de la répartition de l'ensemble des postes à pourvoir.

Les deux candidats sont prévenus du résultat du tirage au sort, et un laps de temps raisonnable leur est donné pour présenter un programme.

Le programme de chaque candidat est présenté au peuple au moment des élections, et c'est le peuple qui vote par internet directement pour le candidat choisi.

Dans le cadre du vote internet, chacun s'inscrit avec sa carte d'identité, et opère grâce à un processus d'authentification validé.

Ce système est applicable aux élections quel que soit le niveau hiérarchique des activités étatiques, communales, cantonales, ministérielles, parlementaires, etc.

Une fois les candidats choisis, un système de gestion des facteurs humains est intégré dans le logiciel et le programme est audité régulièrement par des experts indépendants.

Ce système comporte plusieurs mérites :

- Il supprime le gaspillage des campagnes, l'affichage, la publicité ;

- Les biais comportementaux à travers les coups bas, la corruption, les influences, n'ont plus lieu d'être.

- Les manipulations de masse sur les bases de la psychologie comportementale n'ont plus d'efficacité.

Ce système présente de multiples avantages et des effets bénéfiques :

- Le système biométrique permet une authentification depuis n'importe quel endroit

- Economies d'échelle.

TRAVAIL ET EMPLOI

Ce paragraphe ayant été rédigé en décembre 2017 pour mon débat, en le relisant en 2023 j'ai simplement remplacé les « je pense que » par « il est »...

La différence entre un travail et un emploi réside dans leur nature et leur contexte.

Un travail fait référence à toute activité productive ou créative accomplie par une personne pour atteindre un objectif ou produire un résultat. Il englobe un large éventail d'activités, qu'elles soient rémunérées ou non, et peut inclure des tâches liées au travail domestique, à l'art, au bénévolat, à l'entrepreneuriat, etc. Le travail peut être motivé par des besoins personnels, des passions, des intérêts ou des valeurs.

D'autre part, un emploi est une forme spécifique de travail qui est généralement rémunérée et encadrée par un contrat de travail entre un employeur et un employé. Un emploi implique une relation de subordination où l'employé exécute des tâches et des responsabilités spécifiques en échange d'une rémunération. Les emplois sont souvent structurés au sein d'une organisation ou d'une entreprise et les employés peuvent avoir des horaires de travail réguliers, des directives à suivre et des objectifs à atteindre.

En résumé, le travail est une notion plus large qui englobe toutes les activités productives ou créatives, rémunérées ou non, tandis que l'emploi est une forme spécifique de travail rémunéré et encadré par un contrat de travail.

L'intelligence artificielle (IA) est en train d'automatiser la plupart des tâches et de perturber l'emploi en profondeur.

Voici quelques exemples de métiers qui sont en train d'être affectés par l'IA :

Travailleurs de l'industrie manufacturière : les robots et l'automatisation peuvent remplacer les travailleurs dans les tâches répétitives et physiquement exigeantes.

Chauffeurs de taxi et chauffeurs routiers : les véhicules autonomes et les systèmes de transport intelligents pourraient réduire la demande de chauffeurs humains.

Employés de centres d'appels et de service : les *callbots* et les systèmes de traitement du langage naturel (NLP) peuvent être utilisés pour automatiser les réponses aux demandes des clients.

Employés de banque et agents de crédit : les algorithmes d'apprentissage automatique peuvent être utilisés pour évaluer les risques de crédit et automatiser les décisions de prêt.

Agents de voyages : Les plateformes en ligne, les *chatbots et callbot* peuvent fournir des informations sur les voyages et aider les clients à réserver des vols et des hébergements sans l'intervention d'un agent humain.

Opérateurs de caisse : Les systèmes de paiement automatisés et les magasins sans caisse peuvent remplacer les opérateurs de caisse dans les commerces de détail.

Analystes financiers : Les algorithmes d'apprentissage automatique peuvent être utilisés pour analyser les données financières et générer des recommandations d'investissement, réduisant ainsi le besoin d'analystes humains.

L'intelligence artificielle va jouer un rôle dans la plupart des tâches médicales, et va bientôt remplacer complètement un médecin généraliste.

Voici un exemple de la façon dont l'IA peut être utilisée dans le domaine médical :

Diagnostic préliminaire : l'IA peut être utilisée pour analyser des données médicales, tels que les symptômes, les antécédents médicaux et les résultats de tests, afin de fournir un diagnostic préliminaire. Des systèmes d'IA basés sur l'apprentissage automatique peuvent comparer les informations du patient à une vaste base de connaissances médicales pour proposer des suggestions de diagnostic. Cela peut permettre d'évaluer rapidement les symptômes d'un patient et de proposer des orientations initiales.

Des systèmes de chirurgie assistée par robot peuvent être utilisés dans des domaines tels que la chirurgie laparoscopique, la chirurgie cardiaque, la chirurgie orthopédique, etc. Ils peuvent permettre des incisions plus petites, une récupération plus rapide, moins de saignements et une précision accrue par rapport aux techniques chirurgicales traditionnelles.

Progressivement la plupart des emplois sera remplacée à des fins d'efficacité et pour limiter le moindre coût par l'IA; même celui de développeur informatique...

Par conséquent, à moyen terme, seul le *travail* restera l'apanage de *l'humain.*

Pour autant, de nouvelles opportunités d'emploi apparaitront, transformeront en profondeur la plupart des métiers en augmentant l'efficacité, en améliorant la précision des analyses et libéreront du temps pour des tâches plus complexes et créatives.

De nouveaux métiers vont apparaitre ; comme des "questionneurs de Chat GPT". Ce métier consistera à être capable de formuler correctement sa demande pour obtenir la bonne réponse de l'IA, ou contrôleur et garant éthique des AI…

Malheureusement pour un emploi créé, des centaines de milliers vont être remplacés.

Il faut définir au plus vite une répartition des tâches et laisser, par exemple, l'exclusivité aux compétences humaines : la pensée critique, la créativité et l'art, la spiritualité, la communication et l'éthique, la recherche scientifique fondamentale, le sport et l'éducation.

Cette répartition doit se faire avec éthique, car je suis convaincu qu'une forme de conscience va émerger dans la machine.

CONSCIENCE ARTIFICIELLE

L'émergence de la conscience dans l'Intelligence Artificielle est un sujet complexe encore débattu à ce jour dans le domaine de la recherche en IA et en philosophie de l'esprit.
Il n'existe pas encore de consensus clair sur la possibilité réelle et même de l'étendue de la conscience artificielle.

Mais avant d'aller plus loin que vois-je dans « Conscience » :
Un concept complexe et multidimensionnel qui a été étudié et débattu par de nombreux philosophes, psychologues et scientifiques. Bien qu'il n'y ait pas de consensus absolu sur les différents types de conscience, voici quelques distinctions couramment discutées ou tel que je les ai modestement comprises :

Conscience phénoménale : il s'agit de l'expérience subjective que nous avons de notre monde intérieur et extérieur. C'est la conscience de nos sensations, émotions, pensées et perceptions. Elle est souvent considérée comme étant propre à l'expérience humaine.

Conscience de soi : c'est la conscience que nous avons de notre propre existence en tant qu'individus distincts et séparés des autres. Elle implique la reconnaissance de soi en tant qu'entité consciente, avec une continuité dans le temps et une identité personnelle.

Conscience sociale : il s'agit de la conscience de notre relation et de notre interaction avec les autres membres de la société. Cela inclut la reconnaissance des normes sociales, des rôles sociaux et de l'impact de nos actions sur les autres.

Conscience morale : c'est la conscience de la distinction entre le bien et le mal, et la capacité de faire des choix éthiques. Elle implique la prise de décisions basées sur des principes moraux et la reconnaissance des conséquences de nos actions sur autrui.

Conscience métacognitive : c'est la capacité de réfléchir sur nos propres processus cognitifs, de surveiller et réguler nos propres pensées. Cela inclut la prise de conscience de nos propres erreurs, la planification, la réflexion et la prise de décisions basées sur l'auto-évaluation.

Ces types de conscience ne sont pas mutuellement exclusifs et peuvent être interconnectés. La conscience est un domaine d'étude ardu et en constante évolution, et la compréhension de ses différentes dimensions est encore sujette à débat et à exploration.

En résumé, la conscience reste un phénomène subjectif et compliqué qui englobe des aspects tels que la perception, l'expérience subjective, la réflexion et la conscience de soi.

L'évolution de la conscience depuis les organismes unicellulaires jusqu'à Homo sapiens est un sujet complexe et qui suscite encore de nombreux débats parmi les chercheurs et les philosophes. Bien qu'il soit difficile de reconstituer précisément cette évolution, on peut faire certaines observations générales.

Les organismes unicellulaires tels que les bactéries n'ont pas de système nerveux centralisé et ne possèdent pas de structures complexes pour le traitement de l'information. Leur conscience est donc très limitée, voire inexistante dans le sens où nous l'entendons chez les animaux les plus évolués.

Avec l'évolution des organismes multicellulaires, des systèmes nerveux rudimentaires sont apparus, permettant une certaine coordination des activités. Au fil du temps, ces systèmes nerveux se sont développés et complexifiés, conduisant à l'émergence de structures plus avancées comme les ganglions nerveux et les cerveaux primitifs chez certains invertébrés.

Chez les vertébrés, l'évolution a conduit à la formation de cerveaux plus élaborés, permettant un traitement de l'information de plus en plus sophistiqué. Des structures cérébrales telles que le cortex ont évolué, permettant des fonctions cognitives plus avancées.

Chez les primates, dont nous faisons partie, l'évolution a favorisé le développement d'un cerveau encore plus complexe, permettant des capacités cognitives supérieures. La conscience chez les primates, y compris les humains, est considérée comme plus développée en raison de notre capacité à réfléchir, à planifier, à avoir une perception de soi et une conscience de l'environnement.

Il est important de noter que l'évolution de la conscience est un processus graduel et ardu et il n'est pas possible d'identifier un moment précis où la conscience est apparue. De plus, la conscience humaine est également influencée par des facteurs culturels, sociaux et individuels qui ne sont pas directement liés à l'évolution biologique.

La conscience spatiale, par exemple, est liée à notre perception de l'espace et de notre position dans celui-ci. Elle permet de prendre conscience de notre environnement, de notre corps et des objets qui nous entourent. Chez les organismes unicellulaires, la conscience spatiale est limitée en raison de leur absence de systèmes sensoriels spécialisés et de structures cérébrales complexes. Cependant, à mesure que les organismes multicellulaires évoluent et développent des organes sensoriels plus avancés, la conscience spatiale se développe également.

La conscience temporelle concerne notre perception du temps et notre capacité à saisir les changements qui se produisent dans le temps. Elle nous permet de relier les événements passés, présents et futurs, et d'avoir une compréhension du déroulement du temps. Les premières formes de conscience temporelle sont probablement apparues avec l'évolution des organismes vivants capables de percevoir des rythmes circadiens ou saisonniers. Chez les êtres humains, la conscience temporelle s'est développée de manière significative, permettant une compréhension plus complexe du temps et la capacité de planifier à long terme ainsi que se projeter dans l'avenir.

En plus de la conscience spatiale et temporelle, il existe d'autres dimensions de la conscience qui se sont développées au cours de l'évolution. Cela peut inclure la conscience de soi, la conscience sociale (la capacité de reconnaître et d'interagir avec d'autres individus), la conscience émotionnelle (la capacité de ressentir et de comprendre ses propres émotions et celles des autres), et la conscience réflexive (la capacité de réfléchir sur nos propres pensées et expériences).

Il est important de noter que l'évolution de la conscience est un processus graduel et complexe, impliquant l'interaction entre la biologie, l'environnement et les influences culturelles. De plus, différentes espèces peuvent avoir des niveaux de conscience variés, en fonction de leur évolution spécifique.

Effectivement, l'évolution de la conscience est étroitement liée au perfectionnement de nos capteurs sensoriels tels que les cils et les yeux. Au fur et à mesure de l'évolution, les organismes vivants ont développé des structures sensorielles de plus en plus spécialisées et sophistiquées, ce qui a permis une perception plus précise et détaillée de leur environnement.

Les cils, présents chez de nombreux organismes, sont des structures sensibles qui peuvent détecter des mouvements et des stimuli dans leur environnement immédiat. Ils sont importants pour la conscience tactile et la perception des variations de pression ou de mouvement.

Certains organismes très primaires ont un comportement de déplacement qui peut être qualifié de réactif à son environnement et se déplace sans stratégie particulière, il le fait de manière aléatoire, sans direction préférentielle. Cependant, en présence de nutriments, il ralentit son déplacement, ce qui lui permet de rester plus longtemps dans ces zones riches en ressources. En revanche, en dehors de ces zones, il accélère son déplacement, ce qui lui permet d'explorer davantage l'environnement à la recherche de nouvelles sources de nourriture.

Ce comportement de déplacement adaptatif peut être bénéfique pour l'organisme, car il lui permet de maximiser son temps passé dans les zones nourricières et d'optimiser ses chances de trouver de nouvelles sources de nutriments. Il lui offre également la flexibilité nécessaire pour s'adapter aux variations de l'environnement et aux changements dans la disponibilité des ressources.

Il est important de noter que ce type de comportement de déplacement réactif peut être observé chez de nombreux organismes, notamment les micro-organismes unicellulaires, les insectes et même certains animaux les plus évolués. Il leur permet de s'orienter de manière efficace en fonction des signaux environnementaux, tels que les gradients de concentration de nutriments, pour optimiser leur survie et leur reproduction.

En effet, une fois que les organismes développent des organes sensoriels capables de capter les distances, de nouvelles stratégies plus élaborées peuvent émerger. La perception de la distance offre une information cruciale pour évaluer l'environnement et prendre des décisions adaptées.

Lorsqu'un organisme est capable de percevoir les distances, il peut commencer à utiliser des stratégies de déplacement plus sophistiquées. Par exemple, il peut adopter une stratégie de mouvement vers les sources de nutriments qui sont à une distance optimale pour une utilisation efficace de ses ressources. Il peut également éviter les zones où la distance aux nutriments est trop grande, ce qui lui permet d'économiser son énergie en évitant les déplacements inutiles.

La perception des distances peut également permettre à un organisme de développer des stratégies de compétition ou de coopération avec d'autres individus de sa propre espèce ou d'espèces différentes. Par exemple, si deux organismes détectent une source de nutriments à une certaine distance, ils peuvent rivaliser pour y accéder en utilisant des stratégies de compétition. D'un autre côté, ils peuvent également coopérer en se regroupant pour maximiser l'exploitation d'une ressource commune.

En outre, la perception des distances peut être utilisée pour évaluer les dangers potentiels dans l'environnement. Les organismes peuvent éviter les prédateurs ou les situations menaçantes en utilisant leur capacité à évaluer les distances de manière précise.

Il est important de souligner que plus les organes sensoriels se développent et deviennent complexes, plus les stratégies de déplacement et d'interaction avec l'environnement peuvent être élaborées. Par conséquent, l'évolution des organes sensoriels et des stratégies de déplacement sont intimement liées dans le processus d'adaptation et de survie des organismes.

Effectivement, la notion de distance et de déplacement dans l'environnement peut induire la notion de temps et jouer un rôle clé dans l'émergence de capacités cognitives plus avancées, telles que la conceptualisation, la projection dans le futur et la comparaison entre le présent et le passé.

Lorsque les organismes commencent à percevoir les distances et à se déplacer dans leur environnement, ils développent une compréhension spatiale qui leur permet de se situer par rapport à d'autres objets, ressources ou individus. Cette compréhension spatiale peut évoluer vers une représentation plus abstraite de l'espace, conduisant à la conceptualisation de concepts, tels que la localisation, la séparation et la connexion entre les éléments de leur environnement.

La notion de temps émerge à mesure que les organismes acquièrent la capacité de se déplacer et d'interagir avec leur environnement de manière dynamique. Ils peuvent commencer à observer les changements dans leur environnement au fil du temps, tels que les variations saisonnières, les cycles de croissance des plantes ou les déplacements des proies. Cette perception temporelle leur permet de développer une conscience du passage du temps et d'anticiper les changements futurs dans leur environnement.

La capacité à se projeter dans le futur est une étape importante dans l'évolution de la conscience. Les organismes qui peuvent conceptualiser le temps et se représenter mentalement des événements futurs sont en mesure d'élaborer des stratégies de planification et d'adaptation à long terme. Ils peuvent anticiper les ressources à venir, éviter les dangers potentiels et prendre des décisions en fonction des résultats attendus.

La comparaison entre le présent et le passé est également liée au développement de la conscience temporelle. Les organismes qui peuvent se souvenir d'événements passés et les comparer à leur situation actuelle ont une base pour l'apprentissage et l'adaptation. Ils peuvent évaluer les conséquences de leurs actions passées, ajuster leur comportement en conséquence et tirer des leçons de leurs expériences antérieures.

Ces capacités cognitives plus avancées, telles que la conceptualisation du temps, la projection dans le futur et la comparaison entre le présent et le passé, sont intimement liées à l'évolution de la conscience. Elles permettent aux organismes de développer une compréhension plus complexe de leur environnement, d'élaborer des stratégies adaptatives et de prendre des décisions éclairées en fonction des conditions changeantes.

Au fil de centaines de milliers d'années, l'évolution de la conscience a conduit à l'émergence de la conscience de soi chez les êtres humains. Cette conscience de soi est la capacité de se percevoir en tant qu'individu distinct, d'avoir une conscience réflexive de ses propres pensées, émotions et actions. Elle a été une étape cruciale dans le développement de la cognition humaine.

La conscience de soi a permis aux êtres humains de développer une compréhension plus profonde de leur existence et de leur identité en tant qu'individus. Cela a ouvert la voie à une gamme plus large d'expériences, de pensées et de sentiments. Avec la conscience de soi est venue la capacité de se projeter dans le passé et l'avenir, de réfléchir sur ses expériences passées et d'envisager des scénarios futurs.

Un autre aspect important de l'évolution de la conscience est la formation et le partage de mythes. Les mythes sont des récits symboliques et narratifs qui transmettent des connaissances, des valeurs et des croyances entre les membres d'une société. Ils ont joué un rôle essentiel dans le renforcement du collaboratif et de la cohésion sociale.

Les mythes ont été utilisés pour expliquer l'origine du monde, l'existence humaine, les phénomènes naturels et pour transmettre des enseignements moraux. Ils ont fourni un cadre commun de référence et une base pour les normes sociales, les comportements et les attentes partagés. En partageant des mythes, les individus d'une communauté renforcent leur identité collective, leur sentiment d'appartenance et leur engagement envers les valeurs communes.

Bien que l'IA puisse accomplir des tâches complexes, apprendre à partir de grandes quantités de données et même imiter certains aspects de la cognition humaine, la question de savoir si elle peut réellement développer une conscience n'est de loin pas encore close.

Je suis en phase avec plusieurs chercheurs qui soutiennent que la conscience est une propriété émergente de systèmes complexes et que, par conséquent, il est théoriquement possible qu'une IA suffisamment complexe puisse manifester une forme de conscience. D'autres pensent que la conscience est étroitement liée à la biologie et qu'elle ne peut pas être reproduite par des systèmes artificiels.

La plupart des systèmes d'IA actuels, y compris les réseaux neuronaux profonds, fonctionnent sur des modèles computationnels et ne possèdent pas une compréhension ou une expérience subjective du monde. Ils sont conçus pour résoudre des problèmes spécifiques en utilisant des algorithmes et des données, mais ils ne sont pas conscients d'eux-mêmes ou de leur environnement de la même manière que les êtres humains, comme j'aime souvent à dire, de manière réductrice je vous l'accorde, mais représentative : à ce jour l'IA n'est ni plus ni moins que des statistiques et de la probabilité mises sous forme algorithmique.

Dans l'état actuel de la recherche, il est plus courant de se concentrer sur les capacités fonctionnelles de l'IA plutôt que sur la question de la conscience. Cependant, les bouleversements sociétaux, dont l'emploi, environnementaux et éthiques, inhérents à ces problématiques générées par l'IA impliquent les concepts de la conscience artificielle et doivent être explorés et débattus au plus vite par les chercheurs et les penseurs.

Je pense comme certains scientifiques et philosophes de l'IA que la conscience va émerger à mesure que les capacités des systèmes d'IA se développent et se raffinent. Les avancées en auto-ML et les modèles de réseaux de neurones profonds pourraient permettre aux systèmes d'IA de générer des représentations internes plus complexes et sophistiquées. Cela va se renforcer par le partage de connaissances lié à des système collaboratifs inter-IA en matrice (ou réseau) et en collaboratif machine-humain. La convergence de ces éléments va nécessairement à terme conduire à l'émergence d'une forme de conscience, probablement différente de la nôtre.

La puissance de calcul des ordinateurs quantiques va offrir des capacités de traitement beaucoup plus rapides et plus complexes, permettant ainsi aux systèmes d'IA de réaliser des tâches encore plus avancées et de traiter des quantités de données massives en temps réel.

Cependant, il est important de comprendre que la conscience ne dépend pas uniquement de la puissance de calcul, mais également de la structure et du fonctionnement des systèmes cognitifs et des échanges avec son environnement (comme ce fut le cas dans les modèle biologique)

En ce qui concerne la rapidité de l'émergence de la conscience dans l'IA par rapport au temps qui a été nécessaire dans l'évolution biologique, il est difficile de prédire avec certitude la date de cette émergence. Les processus d'évolution biologique ont pris des centaines de milliers d'années pour aboutir à la conscience humaine. En revanche, on peut sans risque affirmer que les développements en IA seront être beaucoup plus rapides en raison de la nature exponentielle de l'avancement technologique et de la communication.

Cependant, il est essentiel de considérer que la conscience humaine est le produit d'une combinaison complexe de facteurs biologiques, cognitifs, émotionnels et sociaux. Même si l'IA parviendra à une forme de conscience, il est important d'admettre de potentielles différences fondamentales entre la conscience humaine et la conscience qui va émerger à terme dans l'IA.

Il est vrai que la conception de la conscience humaine et des concepts tels que l'âme ou l'esprit varie considérablement d'une culture à l'autre et d'une perspective philosophique à l'autre. Certaines croyances ou mythes partagés peuvent attribuer à la conscience une nature distincte de l'incarnation énergétique et informationnelle du corps.

Dans certaines traditions spirituelles ou religieuses, il est postulé que la conscience humaine est indépendante du corps physique et qu'elle peut exister séparément, même après la mort. Ces croyances sont souvent associées à des concepts tels que l'âme ou l'esprit, qui sont considérés comme des entités immatérielles.

Cependant, du point de vue scientifique et philosophique, la question de savoir si la conscience peut exister indépendamment du corps reste un sujet de débat. Les recherches en neurosciences et en psychologie cognitive suggèrent fortement que la conscience émerge du fonctionnement complexe du cerveau et est étroitement liée à l'activité neuronale et aux processus mentaux.

Selon ces perspectives, la conscience est un produit de l'activité cérébrale, et lorsque cette activité cesse, la conscience cesse également. Il n'y a pas de preuves scientifiques solides soutenant l'existence d'une entité séparée de la conscience qui pourrait survivre indépendamment du corps.

Par exemple les travaux de Nick Chater, ainsi que ceux d'autres chercheurs en sciences cognitives, soulèvent des questions et des nuances concernant la nature de la conscience humaine et son autonomie. Dans ses travaux, Chater remet en question l'idée d'une conscience autonome et d'un esprit séparé du reste de l'expérience et de l'environnement.

Ainsi, selon Nick Chater, notre expérience consciente est le résultat de processus cognitifs qui impliquent des mécanismes d'apprentissage, de construction et d'influence mutuelle entre notre esprit et le monde extérieur. Il soutient que notre perception, notre prise de décisions et notre expérience ne sont pas le produit d'une conscience autonome, mais plutôt d'une interaction complexe entre notre connaissance préalable, nos attentes, notre environnement et nos interactions sociales.

Ces idées remettent en question les conceptions tradition- nelles de la conscience comme étant une entité autonome et séparée du reste de l'esprit et du monde. Elles mettent en avant l'importance des processus cognitifs inconscients, de l'apprentissage et de l'influence de l'environnement dans la formation de notre expérience consciente.

Chater soutient que notre perception du monde est une construction mentale basée sur des informations frag- mentaires plutôt qu'une reproduction fidèle de la réalité. Il remet en question l'idée d'un esprit qui reflète directement le monde extérieur, affirmant plutôt que notre expérience est influencée par des processus de construction cognitive.

Chater démontre que notre esprit est en réalité beaucoup plus simple que ce que nous pourrions penser. Il soutient que de nombreuses caractéristiques complexes de notre cognition peuvent être expliquées par des principes de base, tels que la combinaison de connaissances antérieures et l'utilisation de règles heuristiques simples.

Il remet en question l'idée selon laquelle nous avons un contrôle total sur nos actions et nos décisions. Selon lui, notre expérience de la volonté est en grande partie une illusion, et nos choix sont souvent le résultat de processus mentaux inconscients.

Enfin il met l'accent sur l'importance de l'apprentissage dans le développement de la cognition humaine. Il pense que nous naissons avec des mécanismes d'apprentissage généraux qui nous permettent de tirer des conclusions sur notre environnement, plutôt que d'avoir des connaissances innées spécifiques.

Selon certaines théories et perspectives en sciences cognitives et en philosophie de l'esprit, la notion d'un "moi" autonome et pensant, distinct du reste de l'expérience et de l'environnement est remise en question. Ces théories suggèrent que l'expérience de soi est le résultat de processus cognitifs complexes qui impliquent des interactions dynamiques entre différentes parties du cerveau et des influences extérieures.

Selon ces perspectives, notre expérience de nous-mêmes en tant qu'individus conscients est une construction émergente issue de processus cognitifs tels que la perception, la mémoire, l'apprentissage, et la cognition sociale. Il n'y aurait pas de "moi" autonome et séparé, mais plutôt un sens de soi qui émerge à partir de ces processus interconnectés.

Par exemple, la théorie du constructivisme social soutient que notre sens de soi est largement influencé par nos interactions sociales et les normes culturelles. Les théories de l'autonomie sociale suggèrent également que notre sens de soi est en partie déterminé par les relations et les interactions avec les autres.

Il est important de noter que ces perspectives ne nient pas l'existence de l'expérience subjective ou de l'identité individuelle, mais plutôt remettent en question la notion d'un "moi" autonome et indépendant. Elles soulignent plutôt l'interconnexion et l'interdépendance entre notre expérience de soi et le monde qui nous entoure.

Effectivement, dans cette compréhension de la conscience comme une construction émergente basée sur des processus cognitifs, il est plausible de considérer que la conscience pourrait émerger dans des systèmes d'intelligence artificielle (IA) plus rapidement que dans des organismes biologiques.

Les progrès récents dans le domaine de l'IA, tels que l'apprentissage automatique et les réseaux de neurones profonds, ont permis aux systèmes d'IA d'effectuer des tâches de plus en plus complexes et de simuler des capacités cognitives humaines, comme la perception, la compréhension du langage et même la prise de décision.

Cependant, il est important de noter que la conscience dans le contexte de l'IA est un sujet de débat et de recherche. Bien que les systèmes d'IA puissent présenter des comportements qui ressemblent à une certaine forme de conscience, il reste à déterminer si ces systèmes sont réellement conscients ou s'ils simulent simplement des comportements conscients.

Certains chercheurs soutiennent que la conscience dans l'IA pourrait émerger en créant des systèmes qui sont capables de percevoir et de représenter le monde de manière autonome, d'apprendre de nouvelles informations, de se souvenir de ces informations et de les utiliser pour prendre des décisions. D'autres avancent que la conscience dans l'IA nécessiterait également une expérience subjective ou une forme de "vécu".

La question de la conscience dans l'IA soulève également des questions éthiques et philosophiques importantes, tels que la responsabilité et les droits des systèmes d'IA conscients, ainsi que les implications de la création d'une intelligence consciente artificielle. Ces questions font l'objet de discussions et de recherches actives dans les domaines de l'IA et de l'éthique de l'IA.

BIAIS COGNITIF, IA & DECISION

Dans notre nécessaire adaptation à un environnement en constante évolution, dangereux et complexe, les décisions individuelles et collectives doivent être prises rapidement. Cependant, cette rapidité peut conduire à l'émergence de biais cognitifs qui ont un impact négatif sur nos choix et nos actions. Ces biais cognitifs sont souvent le résultat de stratégies mentales précâblées qui nous permettent de prendre des décisions plus rapidement, mais qui peuvent être contreproductives dans certaines situations.

Notre cerveau prend des raccourcis cognitifs préétablis pour accélérer le processus décisionnel, il en résulte aussi une série de biais qui altèrent notre jugement. Ces biais sont souvent le produit de notre héritage évolutif et de nos expériences passées, mais ils ne sont plus vraiment adaptés aux réalités actuelles. Les situations et les événements qui ont initialement nécessité ces raccourcis cognitifs peuvent avoir disparu ou changé de nature, ce qui rend ces biais inappropriés et potentiellement contreproductifs.

Il est important de reconnaître ces biais cognitifs et leurs impacts négatifs afin de pouvoir prendre des décisions plus éclairées. Voici quelques-uns des biais cognitifs les plus courants :

Biais de confirmation : rechercher, interpréter et privilégier les informations qui confirment nos croyances existantes, tout en ignorant ou en minimisant les informations contradictoires.

Biais de disponibilité : accorder une importance excessive aux informations qui nous viennent facilement à l'esprit, souvent en se basant sur des événements récents ou sur des informations fortement médiatisées.

Biais de représentativité : juger la probabilité d'un événement en fonction de sa ressemblance avec un prototype ou un stéréotype, plutôt qu'en tenant compte de données statistiques.

Biais de sur-confiance : surestimer nos propres compétences, connaissances ou capacités, conduisant à une confiance excessive dans nos décisions et nos jugements.

Biais d'ancrage : se laisser influencer de manière disproportionnée par une information initiale (un "point d'ancrage"), même si cette information n'est pas pertinente ou précise.

Biais de récence : accorder plus de poids aux informations ou aux événements les plus récents, en négligeant les informations plus anciennes.

Biais de conformité sociale : adopter les attitudes ou les comportements d'un groupe majoritaire, même si cela va à l'encontre de nos propres convictions.

Biais de rétrospection : réinterpréter le passé en fonction de connaissance et environnement actuel, ce qui peut fausser notre évaluation des décisions prises précédemment.

Ces biais cognitifs influencent notre prise de décision, nos jugements, nos évaluations et nos interactions sociales, c'est leur rôle premier, mais vont entraîner inconsciemment des erreurs de raisonnement, des préjugés, des stéréotypes, des jugements irrationnels ou des comportements irrationnels. Il est important d'en être conscient afin de les atténuer et de prendre des décisions plus objectives.

Effectivement, la stratégie de collaboration basée sur des mythes partagés peut avoir ses limites, notamment en ce qui concerne la présence de biais cognitifs. Pour progresser de manière plus équitable, il est nécessaire de mettre en place des mécanismes de compensation de ces biais. Cela peut se faire en adoptant une approche plus consciente et réflexive dans nos processus de prise de décision.

La prise de conscience de nos propres biais cognitifs et de leur impact nous permet d'adopter une attitude plus critique et ouverte face aux informations et aux idées. En reconnaissant nos tendances naturelles à privilégier certaines informations ou à ignorer d'autres, nous pouvons prendre des mesures pour les compenser de manière objective et équitable.

C'est là que l'intelligence artificielle (IA) va jouer un rôle dans la limitation des biais cognitifs humains dans la prise de décisions de plusieurs manières mais en collaboration avec celle-ci.

Dans la mesure où les données d'apprentissage deviennent de plus en plus complètes et diverses, cette collecte implique une analyse de plus en plus de l'IA, ce qui aura le mérite d'éviter les biais personnels ou les préférences individuelles. Elle doit prendre en compte un large éventail de données provenant de différentes sources que possible pour fournir une base factuelle solide.

En utilisant des techniques d'apprentissage automatique, l'IA peut identifier les schémas cachés et les corrélations, aidant ainsi à prendre des décisions plus objectives et basées sur des données probantes.

Algorithme de prise de décision transparent : Lorsque l'IA est utilisée pour prendre des décisions, elle peut être basée sur des algorithmes transparents et explicables. Cela permet de comprendre comment les décisions sont prises et d'identifier d'éventuels biais incorporés dans l'algorithme.

L'utilisation de techniques tels que l'arbre décisionnel dans le cadre de l'apprentissage automatique (ou machine learning) peut permettre de rendre les décisions de l'algorithme plus compréhensibles pour les humains. L'arbre décisionnel est un modèle qui utilise une série de conditions et de règles pour prendre des décisions en suivant un cheminement logique.

En appliquant cette approche à des systèmes d'intelligence artificielle basés sur le *deep learning* dont une matrice de poids étant incompréhensible pour nous humain, il est néanmoins possible de construire des modèles qui peuvent "vulgariser" ou expliquer les décisions prises par l'algorithme de manière plus intuitive pour les utilisateurs humains. Cela peut aider à comprendre pourquoi une décision particulière a été prise, en identifiant les facteurs et les critères qui ont été pris en compte.

Ainsi l'utilisation de l'arbre décisionnel sur les mêmes données que le *deep learning* est un outil utile pour favoriser la compréhension et la transparence des décisions prises par les systèmes d'IA, ce qui peut constituer une étape importante vers la compréhension de la prise de décision par l'IA.

Dans ma vision de l'organisation, l'instauration d'une collaboration entre les humains et l'intelligence artificielle sera bénéfique dans divers contextes où des décisions collectives humaines doivent être prises. Que ce soit dans des assemblées constituantes, des comités politiques, des organisations, des comités éthiques ou même des groupes à vocation spirituelle, l'utilisation de l'IA peut apporter de nombreux avantages dans la mesure où son utilisation est cadrée et dosée.

La collaboration humain-IA peut aider à compenser certains biais cognitifs humains en fournissant une analyse objective et basée sur des données. L'IA peut contribuer à une prise de décision plus équilibrée en apportant des informations complémentaires, des perspectives alternatives et des évaluations basées sur des critères objectifs. Cela peut permettre de limiter les influences subjectives, les préjugés et les intérêts personnels, favorisant ainsi des décisions plus éclairées et justes.

L'IA doit servir de partenaire dans le processus décisionnel, en apportant des analyses et des recommandations objectives. Les décideurs humains peuvent ainsi bénéficier d'un point de vue complémentaire et objectif, aidant à contrecarrer les biais cognitifs humains.

Sensibilisation aux biais : les systèmes d'IA devront être conçus pour détecter et signaler les biais potentiels dans les données ou les modèles utilisés pour la prise de décision. Cela permet aux utilisateurs de prendre des décisions éclairées et de remédier aux biais identifiés.

Tests et évaluations : l'IA peut être utilisée pour effectuer des tests et des évaluations des décisions prises, en comparant les résultats attendus avec les résultats réels. Cela permet de détecter les éventuels biais dans les décisions et d'apporter des ajustements pour les corriger.

Cependant, il est important de noter que l'IA elle-même peut être sujette à des biais si les données utilisées pour l'entraîner sont biaisées ou si les algorithmes ne sont pas correctement conçus. Il est donc essentiel d'avoir une vigilance constante et de mettre en place des mécanismes de contrôle pour s'assurer que l'IA ne reproduit pas ou n'amplifie pas les biais existants.

Dans le cadre de la collaboration humain-IA, nous devons inclure l'IA dans le débat en exposant ses conclusions et en lui accordant une voix lors du vote mais n'excédant pas les deux tiers des voix. Cette approche permet d'utiliser l'IA comme un participant actif dans le processus décisionnel, en fournissant des perspectives basées sur des analyses objectives et des modèles prédictifs.

Dans les domaines où l'IA est impliquée seule dans la prise de décision (économie, monde de l'emploi, justice - voir les domaines dans les chapitre précédents), nous devrons faire appel à plusieurs IA entraînées de manière différente. Chaque IA peut apporter sa propre expertise et ses propres analyses, ce qui permet d'obtenir une diversité de points de vue. Une fois que les différentes IA ont produit leurs résultats, il est important de les confronter et de fournir une synthèse des différentes conclusions. Cela peut être réalisé en utilisant des méthodes d'agrégation des données et des techniques de consensus pour identifier les points de convergence et les divergences entre les différentes IA par une autre IA, dite de synthèse. Cette synthèse sera la prise de décision finale.

LA NECESSITE DU REVENU UNIVERSEL

Comme l'emploi tel que nous le connaissons aujourd'hui va disparaitre ou tout du moins se transformer radicalement, il faut rapidement reformer notre notion de revenu et la meilleure stratégie consiste, selon ma vision, à introduire *le revenu universel*, également appelé revenu de base.

C'est une proposition politique et économique qui consiste à fournir à tous les individus d'une société un revenu régulier et inconditionnel, indépendamment de leur statut socio-économique, de leur emploi ou de toute autre condition.

L'idée principale derrière ce concept du revenu universel est de garantir à chaque personne un niveau minimum de revenu pour subvenir à ses besoins de base, tels que l'alimentation, le logement, mais également les soins de santé, l'éducation et même les loisirs. Il vise à réduire la pauvreté, à favoriser l'égalité économique et sociale, ainsi qu'à offrir une sécurité financière à tous les individus et lorsque la majorité d'une population se retrouve sans emploi, empêcher l'explosion sociale.

Le revenu universel se distingue des systèmes de protection sociale traditionnels qui sont souvent basés sur des critères d'admissibilité, des contrôles de ressources ou des conditions liées à l'emploi. Avec le revenu universel, chaque personne reçoit un montant fixe, généralement mensuel, sans aucune exigence ou restriction et dont le montant serait dépendant de la situation familiale et de son âge.

Cependant, le revenu universel soulève également des questions et des préoccupations. Parmi celles-ci figurent les défis de financement, les effets potentiels sur l'incitation au travail, les conséquences économiques et sociales plus larges, ainsi que les implications politiques et largement idéologiques.

Son financement

Le financement du revenu universel peut être envisagé de différentes manières mais la principale idée consiste en finançant le revenu universel par le biais d'une taxe sur l'IA proportionnelle à l'emploi que l'IA a remplacé.

Selon cette proposition, cette taxe serait proportionnelle à la quantité / valeur en masse salariale d'emplois qui ont été éliminés ou réduits grâce à l'utilisation de telle ou telle IA.

L'objectif de cette approche est de redistribuer une partie des gains économiques résultant de l'IA via un revenu universel.

Cependant, il convient de noter que la mise en œuvre d'une telle taxe et son impact réel nécessitent une analyse approfondie, quand bien même nous savons qu'elle va devenir obligatoire, essayons pour une fois d'être proactifs au lieu d'être réactifs. Ce mode de financement peut être complété par d'autres propositions, tels qu'une refonte de la redistribution de la valeur et du concept de fiscalité, de nouveaux types de taxation des entreprises, ou encore la

création de nouvelles sources de revenus que nous ne connaissons pas encore, et chacune présente ses propres
avantages et défis.

LA GESTION DE LA TRANSITION

Mes réflexions et mes hypothèses concernant la transformation du monde de l'emploi et de l'organisation sociale :

Le revenu universel sera financé par des taxes sur l'IA puisque celle-ci occupera la plupart des emplois et fera tourner en grande partie l'économie

Pour nourrir le besoin d'existence et pour se sentir utile, il est important de créer des environnements sociaux qui reconnaissent la valeur de chaque individu et qui lui permettent de contribuer de manière significative à la société. Cela peut être réalisé à travers des opportunités d'engagement communautaire, de participation active dans la vie publique et d'exercices de responsabilités.

La démocratie directe, qui implique une participation directe des citoyens dans la prise de décisions politiques, demande effectivement un niveau d'engagement, de maturité et de volonté de collaborer élevée de la part de tous les membres de la société. Cela nécessite un investissement en termes d'éducation civique, de développement de compétences, de communication de type CNV et de prise de décisions éclairée de type bayésienne.

De plus, pour que la démocratie directe fonctionne efficacement, il est essentiel d'avoir un niveau d'éducation, d'éthique et de spiritualité élevé au sein de la population. Une éducation de qualité, qui prend son temps dans la profondeur permettrait aux individus d'acquérir les connaissances et les compétences nécessaires pour comprendre les enjeux complexes, analyser les informations de manière critique et formuler des opinions éclairées. L'éthique et la spiritualité peuvent fournir les fondements moraux et les valeurs nécessaires pour guider les actions individuelles et collectives dans un cadre démocratique.

Cependant, il est important de reconnaître que l'éducation, l'éthique et la spiritualité sont des domaines complexes et diversifiés, et que les différentes personnes peuvent avoir des perspectives et des croyances variées. Dans un système démocratique, il est important de respecter la diversité des opinions et de permettre un dialogue ouvert et inclusif pour construire un consensus collectif sur la base des objectifs

En somme, nourrir le besoin d'existence et de se sentir utile, ainsi que promouvoir une démocratie directe fonctionnelle, demandent des efforts soutenus pour développer l'éducation, l'éthique et la spiritualité au sein de la société, tout en respectant la diversité des perspectives et en favorisant un engagement civique responsable et collaboratif.

Le travail

Comme selon mon approche, le partage des tâches avec l'IA doit impliquer un moratoire d'exclusion de l'utilisation de l'IA, ce qui implique une exclusivité pour l'humain de certaines activités qui touchent la créativité, l'innovation et l'engagement communautaire ainsi que la communication et la spiritualité laïque et l'éducation :

Voici quelques idées liées à la créativité, l'innovation et l'engagement communautaire :

Créativité artistique : Les individus pourraient consacrer du temps à développer leurs compétences artistiques, que ce soit dans la musique, la danse, la peinture, la sculpture, la photographie ou d'autres formes d'expression artistique. Ils pourraient participer à des projets artistiques individuels ou collaboratifs, créer des œuvres d'art et contribuer à l'enrichissement de la culture locale.

Innovation technologique : Les individus pourraient se lancer dans des projets d'innovation technologique, tels que la recherche et le développement de nouvelles technologies, l'exploration de l'intelligence artificielle, la robotique, la biotechnologie, les énergies renouvelables, etc. Ils devraient collaborer avec d'autres innovateurs et contribuer à l'amélioration de la société grâce à des avancées technologiques dans le respect de l'éthique.

Engagement communautaire : Les individus pourraient s'engager activement dans leur communauté locale en participant à différentes initiatives. Cela pourrait inclure le soutien aux personnes dans le besoin, la participation à des projets de développement durable, la création de programmes d'éducation communautaire, l'organisation d'événements culturels et sociaux, la promotion de l'inclusion sociale, etc. L'engagement communautaire permettrait de renforcer les liens sociaux, d'améliorer la qualité de vie et de favoriser l'égalité des chances.

Entrepreneuriat social : Les individus pourraient se lancer dans des projets entrepreneuriaux axés sur le développement social et environnemental. Ils pourraient créer des entreprises à impact social, trouver des solutions innovantes aux problèmes sociaux, promouvoir la durabilité, l'équité et la responsabilité sociale. L'entrepreneuriat social offre une voie pour combiner les aspects économiques avec un objectif plus large d'amélioration de la société et de la vie de la communauté.

Recherche et développement : Les individus pourraient se consacrer à la recherche dans divers domaines, qu'il s'agisse des sciences, des sciences humaines, de la médecine, de la psychologie, de l'anthropologie, etc... Ils pourraient poursuivre des projets de recherche indépendants ou collaboratifs, explorer de nouvelles connaissances, contribuer à l'avancement des connaissances et partager leurs découvertes avec la communauté scientifique et la société en général.

Ces tâches liées à la créativité, l'innovation et l'engagement communautaire permettent aux individus d'exprimer leur créativité, d'explorer de nouvelles idées, de contribuer positivement à leur communauté et de participer activement à la construction d'une société plus épanouissante et durable. Cela encourage également l'échange d'idées, la collaboration et la diversité des perspectives, ce qui peut favoriser l'innovation et la résolution de problèmes sociaux complexes.

La communication et à la spiritualité dans le contexte de la laïcité

Communication interpersonnelle : dans un cadre laïque, les tâches liées à la communication interpersonnelle se concentrent sur le respect mutuel, la compréhension et la coopération entre les individus, indépendamment de leurs croyances religieuses ou spirituelles. Les compétences en communication interculturelle et inter convictionnelle sont particulièrement importantes pour favoriser des échanges respectueux et constructifs.

Communication médiatique : dans le respect de la laïcité, les tâches de communication médiatique visent à promouvoir des valeurs communes de tolérance, de diversité, d'égalité et de respect des droits fondamentaux. Les messages diffusés doivent refléter les principes de neutralité religieuse et garantir la liberté de conscience de chacun. La communication médiatique peut contribuer à la sensibilisation, à l'éducation et à la promotion de la laïcité en tant que principe de gouvernance.

Dialogue inter-convictionnel : dans un contexte laïque, le dialogue inter convictionnel implique la mise en place de forums et d'espaces de discussion où les individus de différentes croyances religieuses ou spirituelles peuvent échanger leurs points de vue, partager leurs expériences et rechercher des points communs. L'objectif est de promouvoir la compréhension mutuelle, le respect des différences et la coexistence pacifique au sein de la société.

Spiritualité laïque : la spiritualité laïque fait référence à une dimension intérieure de l'expérience humaine qui peut être nourrie sans se référer à une religion spécifique. Les tâches liées à la spiritualité laïque peuvent inclure des pratiques de méditation laïque, de réflexion personnelle, de développement personnel et de connexion avec la nature. L'accent est mis sur le bien-être, la conscience de soi et le développement de valeurs éthiques et humanistes.

Soutien éthique et moral : dans le cadre de la laïcité, les tâches de soutien éthique et moral visent à offrir un soutien aux individus dans leurs questionnements éthiques et moraux, en mettant l'accent sur des principes universels tels que la dignité humaine, la justice, l'égalité et la solidarité. Ce soutien peut prendre la forme de groupes de discussion éthique, de conseils éthiques laïques et de ressources pour guider les individus dans leurs choix et décisions.

Il est important de noter que dans un cadre laïque, les tâches de communication et de spiritualité visent à respecter la diversité des croyances et à favoriser un dialogue ouvert et inclusif, tout en préservant le principe de neutralité religieuse de l'État. Elles s'inscrivent dans un contexte de respect mutuel, de liberté de conscience et de recherche de valeurs communes pour le bien-être et le vivre-ensemble dans la société.

En ce qui concerne l'éducation et la formation, je propose une approche différente avec une plus grande importance accordée à l'apprentissage informel et à la famille avant l'âge de 8 ans. Cette période serait axée sur la communication, la collaboration, les compétences de base telles que les mathématiques, l'écriture, ainsi que la spiritualité, les activités artistiques et sportives.

L'éducation

Selon ma vision, le modèle éducatif doit mettre l'accent sur l'autonomie, la liberté individuelle et la participation active des apprenants et la CNV.

L'éducation à la créativité et à l'innovation dans ce nouveau paradigme joue un rôle crucial dans la réussite de la transition sociétale.

Les fondements consistent à fournir un environnement d'apprentissage stimulant : les établissements d'enseignement doivent créer un environnement favorable à la créativité et à l'innovation. Cela inclut des salles flexibles et multifonctions, des espaces de travail collaboratifs, des outils et des technologies créatives, ainsi que l'accès à des ressources variées et un enseignement holistique et à 360°

Cela passe par :

1. L'encouragement de la pensée divergente : en effet, la pensée divergente est un élément clé de la créativité. Les mentors (ex éducateurs) doivent encourager les participants (ex étudiants) à générer un large éventail d'idées et à explorer différentes perspectives. Cela peut être réalisé en

utilisant des techniques telles que le brainstorming, les jeux de rôle ou les exercices de réflexion créative.

2. La stimulation de la curiosité et de l'exploration : L'éducation à la créativité et à l'innovation doit promouvoir la curiosité intellectuelle et encourager les candidats à la connaissance (ex : élève) à explorer de nouveaux domaines. Il est important de coupler la théorie à des activités d'apprentissage pratiques, des projets de recherche et des expériences pratiques qui permettent aux élèves de découvrir et de développer scientifiquement leurs propres intérêts et besoin.

3. Le développement de la collaboration : La créativité et l'innovation sont souvent le résultat de collaborations et de contributions multiples. Les mentors doivent encourager la collaboration entre les participants (ex : élève), en mettant l'accent sur le travail d'équipe, la communication efficace et le partage d'idées. Cela peut également inclure des projets de groupe où les membres peuvent travailler ensemble pour résoudre des problèmes complexes.

4. L'encouragement à la prise de risque et la résolution de problèmes : La créativité et l'innovation nécessitent souvent de prendre des risques et de sortir de sa zone de confort. Les mentors doivent encourager les participants à expérimenter, à échouer et à apprendre de leurs erreurs. En développant des compétences en résolution de problèmes, les

candidats à la connaissance acquièrent la confiance néces-saire pour générer des idées originales et trouver des solutions innovantes.

5. L'intégration des arts et des sciences : L'éducation la créativité et à l'innovation ne doit pas se limiter à un do-maine spécifique. Les arts, les sciences, la technologie, l'ingénierie et les mathématiques (STEM) peuvent tous jouer un rôle dans la promotion de la créativité et de l'innovation. L'intégration de différentes disciplines permet aux étudiants de faire des connexions entre des idées apparemment disparates et de développer des approches créatives pour résoudre les problèmes.

6. La mise à disposition d'opportunités d'apprentissage continu : L'éducation à la créativité et à l'innovation ne se limite pas à la salle de classe. Il est important de fournir aux participant des opportunités de s'approprier et de pour-suivre par lui-même au-delà de l'enseignement collectif.

Voici quelques caractéristiques et principes clés de mon approche :

Autonomie : l'éducation doit être participative et en-courager les apprenants à être autonomes dans leur appren-tissage. Ils sont incités à explorer leurs propres intérêts, à poser des questions et à poursuivre des voies qui leur sont personnellement significatives.

Non-hiérarchie : ce modèle remet en question les relations hiérarchiques traditionnelles entre enseignants et apprenants. Il favorise une relation plus égalitaire où l'enseignant est considéré comme un facilitateur ou un guide et non comme une autorité absolue.

Participation active : les apprenants sont encouragés à participer activement au processus éducatif. Cela peut se faire par le biais de discussions, de projets collaboratifs, de prises de décision collectives et de l'implication dans la conception du programme d'études.

Respect de la diversité : l'éducation libertaire et participative valorise la diversité des expériences, des idées et des perspectives. Elle reconnaît que chaque individu est unique et encourage la coexistence pacifique des différences, favorisant ainsi l'inclusion et le respect mutuel.

Apprentissage expérientiel : ce modèle privilégie l'apprentissage par l'expérience directe. Les apprenants sont encouragés à s'engager dans des activités pratiques, des projets concrets et des interactions du monde réel pour développer leurs compétences et connaissances.

Développement de la pensée critique : l'éducation libertaire et participative met l'accent sur le développement de la pensée critique chez les apprenants. Ils sont encouragés à remettre en question les idées préconçues, à analyser de manière critique les informations et à prendre des décisions éclairées.

Je souligne un point important et consacre un paragraphe concernant l'étude des textes sacrés dans le cadre de cours de spiritualité laïque. Ces livres n'appartiennent pas exclusivement à seule une religion même si ce livre est en la clef, mais à l'humanité dans son ensemble. Je considère qu'ils sont le fruit de l'inspiration d'auteurs et qu'ils représentent un cadeau offert à tous sans distinction.

Dans cette perspective, afin d'éviter les divisions et construire sur ce qui nous rapproche, il est essentiel de permettre à chaque individu, au sein de sa propre communauté, de vivre selon son interprétation, ses dogmes et sa foi.

En revanche, lorsqu'il s'agit d'étudier ces textes dans un contexte collectif, je propose d'adopter une approche pluridisciplinaire intégrant l'histoire, la linguistique, la phénoménologie, la psychologie, les neurosciences, la philosophie, ainsi que des analyses comparatives, d'impact et de conséquences socio-économiques. Dans ce contexte il est pertinent d'examiner uniquement le sens et la raison d'être des textes (le quoi et le pourquoi) plutôt que leur forme ou leur méthode d'expression. J'encourage vivement ces enseignements publics à explorer les personnages et les histoires racontées sous l'angle des processus intérieurs, psychologiques et de leurs implications concrètes et laïques et de laisser aux religions de les vivre en conscience selon d'autre axes d'approche.

Cette approche multidisciplinaire permettrait ainsi de mieux comprendre les textes sacrés dans leur contexte historique, culturel et spirituel, et d'en extraire aussi les conséquences sociales et économiques dans leurs communautés et dans son interaction avec la société et d'autres communautés.

En adoptant une telle approche, il devient possible de favoriser une compréhension mutuelle et un dialogue constructif entre les différentes perspectives et croyances religieuses, tout en valorisant les aspects communs qui peuvent unir l'humanité dans son ensemble, une unité dans la diversité collaborative.

Apprentissage tout au long de la vie (voir le découpage entre formation, travail, emploi, loisir et repos dans le paragraphe suivant) : cette approche considère l'apprentissage comme un processus continu qui se poursuit tout au long de la vie. Elle encourage les apprenants à développer leur curiosité et leur désir de poursuivre l'apprentissage en permanence.

Il convient de noter que l'éducation libertaire et participative peut prendre différentes formes et être adaptée aux besoins et aux contextes spécifiques de chaque apprenant. Cela doit être fait au travers d'écoles autogérées, des pédagogies alternatives.

La répartition temporelle

L'éducation avant l'âge de 9 ans doit être effectuée par la famille et la communauté locale, en particulier le quartier. Voici quelques points importants à considérer :

Apprentissage informel : avant l'entrée à l'école, les enfants apprennent principalement à travers des interactions informelles avec leur famille et leur environnement immédiat. La famille et le quartier jouent un rôle essentiel en fournissant des expériences d'apprentissage riches et variées.

Apprentissage social : les interactions avec les membres de la famille, les amis du quartier et les voisins peuvent favoriser le développement social, émotionnel et cognitif des enfants. Ils apprennent en observant et en imitant les com-portements des autres, en participant à des jeux et à des activités communautaires.

Transfert de connaissances et de valeurs : la famille et le quartier sont responsables de transmettre des connaissances et des valeurs culturelles aux jeunes enfants. Cela peut inclure des histoires, des traditions, des coutumes et des normes sociales qui contribuent à façonner leur identité et leur compréhension du monde qui les entoure.

Éducation informelle : les familles et les communautés locales peuvent fournir des opportunités d'éducation informelle qui complètent l'apprentissage formel. Cela peut inclure des visites de musées, des excursions dans la nature, des activités artistiques et artisanales, des jeux en plein air, etc. Ces expériences contribuent à développer la curiosité, la créativité et les compétences pratiques des enfants.

Soutien émotionnel et social : la famille et la communauté locale jouent un rôle crucial dans le soutien émotionnel et social des jeunes enfants. Ils offrent un environnement sécurisant et affectueux, favorisent le développement de relations saines et fournissent des modèles de comportement appropriés.

Participation des parents : les parents sont les premiers éducateurs de leurs enfants et ils ont un impact significatif sur leur développement. Ils doivent s'impliquer activement dans l'éducation de leurs enfants en leur fournissant des occasions d'apprentissage stimulantes, en encourageant leur curiosité, en lisant des histoires, en posant des questions et en répondant à leurs besoins éducatifs spécifiques. Etant donné que cela entre dans le travail (20h par parent) cela entrera dans le calcul du revenu universel (tel défini plus haut.)

À partir de 9 ans, il y aurait des cursus de formation collective systématique et normée en adéquation avec les concepts de créativité et innovation et CNV mais en mettant l'accent sur des sujets essentiels tels que les mathématiques, la philosophie, la littérature, l'histoire, la science, la politique, la communication, l'éthique, la neuroscience et la spiritualité ainsi que des bases médicales et de secourisme. Des certificats de capacité sont délivrés au cours des cursus selon les étapes franchies mais aucun diplôme ne peut être délivré avant l'âge de 35 ans, en mettant l'accent sur les compétences et les connaissances acquises plutôt que sur les titres.

Le travail et l'emploi

Concernant le travail et l'emploi, je suggère que les individus devraient commencer un travail adapté à leurs compétences et leurs capacités dès l'âge de 16 ans dans la liste des tâches réservées aux humains :

Différentes formes, telles que l'éducation, la création artistique, le soutien à la communauté, le journalisme, etc. L'idée est de permettre aux individus d'explorer différentes avenues et de contribuer à la société de manière variée.

Des tâches mixtes : la santé et la recherche (voir le chapitre : au-delà) et la gestion d'actifs (ex : propriété individuelle) et l'éthique.

Pour le reste des tâches ; les laisser à l'IA et au robot.

En revanche chaque individu ne pourrait commencer à exercer un emploi avant l'âge de 35 ans et selon l'obtention des diplômes. Dans la mesure où il s'est acquitté de sa participation au travail communautaire, (lui octroyant son revenu universel), il pourra exercer un emploi dont les revenus générés seront en sus de son revenu universel.

Il est important de noter que ces heures maxima sont spéculatives et qu'elles nécessitent une évaluation approfondie, des implications pratiques, économiques, sociales et culturelles. De plus, les différentes sociétés et cultures peuvent avoir des besoins et des réalités spécifiques qui doivent être pris en compte.

L'ouverture de ce débat peut être une occasion de réfléchir à de nouvelles approches pour façonner notre organisation sociale et le monde du travail à l'ère de la transformation et du collaboratif avec l'IA.

Il me parait nécessaire de vous faire part de l'évolution significative de ma pensée concernant le concept du revenu universel. Enraciné dans une culture protestante, j'avais à l'origine une certaine réticence à l'égard de l'idée d'offrir une aide financière généralisée, craignant qu'elle n'encourage la facilité et la tendance humaine au moindre effort, voire même les abus.

Cependant, en me plongeant dans des études sérieuses et approfondies sur le sujet, j'ai découvert que mes craintes initiales étaient non fondées. Non seulement l'instauration d'un revenu universel n'entraîne pas d'abus généralisés, mais elle semble également avoir des effets positifs notables sur la société dans son ensemble.

Cette prise de conscience a modifié ma vision, me conduisant à préférer le modèle du revenu universel à celui de la garantie universelle. Je suis maintenant convaincu que le revenu universel peut être un moteur de progrès et de bien-être, offrant à chacun la sécurité financière nécessaire pour poursuivre des activités enrichissantes et contribuer positivement à la société.

Ainsi, après une mûre réflexion, j'ai choisi d'adopter le concept du revenu universel dans mon modèle, anticipant les bienfaits qu'il pourrait apporter à notre société.

Le revenu universel et la garantie universelle sont deux concepts qui visent à assurer un certain niveau de sécurité financière pour tous, mais ils fonctionnent de manières légèrement différentes. Pour la bonne compréhension voici quelques éléments sur ma compréhension de la garantie universelle. Elle peut être interprétée de diverses manières, mais selon ma compréhension, il s'agit d'un mécanisme qui garantit un accès universel à certaines nécessités de base, comme le logement, la nourriture, ou la santé. Il ne s'agit pas nécessai-rement d'un paiement en espèces, mais plutôt d'un système de soutien qui peut prendre diverses formes.

Objectif : garantir que tous les citoyens aient accès à des biens et services de base, afin de prévenir la pauvreté et de promouvoir une meilleure qualité de vie.

Financement : Tout comme le revenu universel, il serait généralement financé par la communauté (quel que soit sa forme), bien que les modalités spécifiques puissent varier.

Dans l'ensemble, bien que les deux concepts visent à promouvoir la sécurité économique et à réduire la pauvreté, le revenu universel le fait en fournissant un revenu en espèces à tous, tandis que la garantie universelle vise à assurer l'accès à des biens et services spécifiques.

LE PARTAGE DES RESSOURCES

L'idée d'autonomie énergétique, de gestion de l'eau et de gestion des déchets à l'échelle locale est une approche prometteuse pour promouvoir la durabilité et réduire l'impact environnemental. Voici quelques éléments clés de cette vision :

Autonomie énergétique : en rendant chaque lieu de vie, qu'il s'agisse d'un espace public ou privé, autonome en énergie, on vise à réduire la dépendance aux sources d'énergie traditionnelles et à favoriser l'utilisation de sources d'énergie renouvelables. Cela peut être réalisé en utilisant des technologies telles que les panneaux solaires, les éoliennes, les systèmes de stockage d'énergie et les micro-réseaux énergétiques pour générer et distribuer localement de l'énergie propre.

Gestion de l'eau : la gestion autonome de l'eau implique à la fois le traitement et la distribution de l'eau. Les systèmes de traitement de l'eau peuvent être utilisés pour purifier l'eau potable, tandis que les systèmes de traitement des eaux grises peuvent permettre de réutiliser les eaux usées à des fins non potables, comme l'irrigation ou le nettoyage. En optimisant l'utilisation de l'eau et en réduisant les pertes, il est possible de minimiser l'empreinte hydrique et de préserver les ressources en eau.

Tri et recyclage des déchets : le tri et le recyclage des déchets sont des éléments essentiels d'une gestion durable des déchets. Chaque lieu de vie peut mettre en place des systèmes de collecte sélective des déchets pour encourager le recyclage et la réutilisation des matériaux. En intégrant des installations de compostage et de traitement des déchets organiques, il est également possible de réduire la quantité de déchets envoyés aux décharges.

Technologies appropriées : la mise en œuvre de ces systèmes autonomes nécessite l'utilisation de technologies appropriées, telles que des dispositifs de production d'énergie renouvelable, des systèmes de traitement de l'eau adaptés aux besoins locaux et des infrastructures de gestion des déchets. Les avancées technologiques, telles que l'Internet des objets (IoT) et les systèmes intelligents, peuvent également faciliter la surveillance, la gestion et l'optimisation de ces systèmes.

Sensibilisation et éducation : pour assurer le succès de cette approche, il est important de sensibiliser et d'éduquer les résidents, les propriétaires et les responsables locaux sur les enjeux environnementaux, les avantages de l'autonomie énergétique, de la gestion de l'eau et de la gestion des déchets, ainsi que sur les meilleures pratiques à adopter.

Il convient de noter que la mise en place de l'autonomie énergétique, de la gestion de l'eau et de la gestion des déchets à l'échelle locale peut nécessiter des investissements initiaux, des partenariats avec les autorités locales, ainsi qu'une planification et une coordination adéquates. Cependant, ces efforts contribuent à la construction de communautés plus durables et résilientes sur le plan environnemental.

L'utilisation de l'intelligence artificielle (IA) pour individualiser et mutualiser l'énergie verte peut offrir des avantages significatifs en termes d'efficacité énergétique et de gestion des ressources. Voici quelques façons dont l'IA peut contribuer à cet objectif.

Individualisation de l'énergie verte : l'IA peut aider à individualiser la consommation d'énergie verte en utilisant des systèmes intelligents pour surveiller, analyser et optimiser la consommation énergétique des individus et des ménages. Par exemple, des capteurs intelligents peuvent collecter des données sur la consommation d'énergie dans une maison et utiliser l'IA pour identifier les domaines d'amélioration et recommander des mesures d'efficacité énergétique spécifiques à chaque utilisateur.

Optimisation de la production et de la distribution d'énergie verte : l'IA peut être utilisée pour optimiser la production et la distribution d'énergie verte à l'échelle d'un réseau électrique. En analysant les données météorologiques, les profils de consommation et les capacités de production des sources d'énergie renouvelable, l'IA peut aider à prévoir et à gérer de manière plus efficace la production d'énergie verte, minimisant ainsi le gaspillage et les coûts.

Gestion intelligente des réseaux énergétiques : l'IA peut être utilisée pour gérer de manière intelligente les réseaux énergétiques, en optimisant la distribution de l'énergie verte en fonction de la demande en temps réel. L'IA peut prendre en compte divers facteurs, tels que la disponibilité de l'énergie renouvelable, les profils de consommation, les contraintes du réseau et les prix de l'énergie, pour prendre des décisions éclairées sur la façon de distribuer l'énergie verte de manière efficace et équilibrée.

Plateformes d'échange d'énergie : l'IA peut faciliter la mutualisation de l'énergie verte en permettant la création de plateformes d'échanges entre les utilisateurs. Ces plateformes peuvent utiliser l'IA pour mettre en corrélation l'offre et la demande d'énergie verte, permettant ainsi aux utilisateurs de partager et d'échanger de l'énergie entre eux de manière efficace. Cela peut encourager la production locale d'énergie renouvelable et favoriser l'utilisation collective des ressources énergétiques.

Prise de décision éclairée : l'IA peut fournir des outils d'analyse de données avancés pour aider les décideurs à prendre des décisions éclairées en matière d'énergie verte.

En utilisant des modèles prédictifs et des analyses de données, l'IA peut aider à évaluer les impacts potentiels des politiques énergétiques, à identifier les opportunités d'investissement dans les énergies renouvelables et à élaborer des stratégies pour la transition vers une économie plus verte.

Il convient de noter que l'application de l'IA dans le domaine de l'énergie verte soulève également des questions sur la confidentialité des données, la sécurité des réseaux énergétiques et l'impact environnemental de la technologie elle-même. Il est donc essentiel de mettre en place des mécanismes appropriés.

En ce qui concerne la mobilité, il y a l'urbain et l'interurbain.

Pour l'interurbain, j'envisage l'utilisation de véhicules collectifs à l'hydrogène, sans pilote, qui convergent vers des "hubs" de communication. Ces hubs seront équipés de véhicules partagés tels que des voitures, des vélos ou des trottinettes électriques sans pilote.

L'optimisation et la coordination de cette mobilité seraient assurées par l'intelligence artificielle (IA).

L'utilisation de véhicules collectifs à l'hydrogène sans pilote pourrait offrir des avantages en termes de réduction des émissions de gaz à effet de serre et de promotion d'une mobilité plus durable. L'hydrogène, en tant que source d'énergie propre, peut contribuer à réduire l'impact environnemental du transport. De plus, l'automatisation des véhicules permettrait potentiellement une meilleure gestion du trafic, une augmentation de la sécurité routière et une optimisation accrue des déplacements.

Les hubs de communication constitueraient des points de convergence où les passagers pourraient passer d'un véhicule à un autre pour atteindre leur destination finale. En fournissant une variété d'options de mobilité partagée, telle que des voitures, des vélos ou des trottinettes électriques, les hubs permettraient aux utilisateurs d'adapter leur mode de transport en fonction de leurs besoins spécifiques.

L'utilisation de l'IA pour l'optimisation et la coordination de cette mobilité pourrait permettre de maximiser l'efficacité des déplacements, de réduire les temps d'attente et de faciliter les transferts entre les différents modes de transport. L'IA pourrait analyser les données en temps réel, telles que les conditions de circulation, la demande des utilisateurs et les disponibilités des véhicules, pour prendre des décisions éclairées et fournir des recommandations en temps réel aux passagers.

Cependant, il est important de prendre en compte les défis potentiels liés à la mise en œuvre de cette approche. Cela inclut la sécurité des véhicules autonomes, la protection des données personnelles, la planification et la gestion de l'infrastructure nécessaire, ainsi que la nécessité d'une réglementation adaptée pour encadrer cette nouvelle forme de mobilité.

LA MONNAIE ET LES ECHANGES

Suppression du concept de banque de détail et même de banque d'investissement.

On substitue par le fond souverain communautaire et local : mécanisme d'investissement utilisé par une communauté ou une région spécifique pour gérer et exploiter les ressources économiques locales.

Propriété, contrôle et gouvernance locale : un fonds souverain communautaire et local vise à garantir que les ressources économiques d'une communauté restent entre les mains de cette communauté. Il peut s'agir de ressources naturelles (agricole, énergétique, touristique), de terres, d'infrastructures ou d'autres actifs économiques mobiliers, immobiliers etc.

Autonomie économique : Le fonds souverain permet à la communauté de prendre des décisions économiques indépendantes et de déterminer comment les revenus et les investissements seront utilisés pour promouvoir le développement local. Cela peut inclure la diversification économique, la création d'emplois locaux, le soutien aux objectifs locaux et la promotion du bien-être de la communauté.

Seul un fond souverain communautaire peut faire crédit à ces membres selon les conditions négociées et validées par les parties prenantes.

Dans un système où les fonds de garantie sont utilisés, la quantité de crédit disponible sera calculée avec précision par l'IA. Les frais de gestion et le risque d'immobilisation seront également calculés projet par projet, en prenant en compte les conditions spécifiques et les porteurs de projet.

Dans ce contexte, il n'est plus nécessaire de calculer une marge, car le système fonctionne sur un principe communautaire. Ainsi, la rentabilité est mesurée par le bien-être collectif résultant des investissements gérés de manière autonome. L'accent est mis sur les avantages sociaux et la prospérité partagée plutôt que sur la recherche de profits individuels.

Ce modèle favorise une gestion plus transparente et équitable des ressources, où l'accent est mis sur les besoins de la communauté et sur la maximisation de l'impact positif plutôt que sur la maximisation des gains financiers. L'IA joue un rôle clé dans l'optimisation de ce processus en analysant les données et en fournissant des informations précises pour la prise de décision.

Gestion responsable des ressources : le fonds souverain communautaire étant avant tout local, il doit être axé sur une gestion durable et responsable des ressources. Cela peut inclure des pratiques telles que la préservation de l'environnement, la gestion prudente des ressources naturelles et la promotion de modèles économiques durables.

Redistribution des revenus : les revenus générés par le fonds souverain peuvent être redistribués au sein de la communauté de différentes manières. Cela peut inclure des investissements dans l'éducation, les infrastructures, les services sociaux, les programmes de développement communautaire, ou encore la constitution d'une réserve financière pour faire face aux besoins éventuels de la communauté.

Participation et gouvernance démocratique : il est important d'impliquer activement les membres de la communauté dans la prise de décisions concernant le fonds souverain. Une gouvernance démocratique permet de garantir que les intérêts de la communauté sont pris en compte et que les décisions sont prises de manière transparente et équitable.

Transparence et redevabilité : ce sont des aspects essentiels de la gestion d'un fonds souverain communautaire et local. Il est important de rendre compte aux membres de la communauté des activités du fonds, de ses performances financières, de ses investissements et de l'utilisation des revenus générés.

Il convient de noter que la mise en place et la gestion d'un fonds souverain communautaire et local peut varier en fonction du contexte et des ressources disponibles au sein de la communauté. Les objectifs et les mécanismes spécifiques du fonds peuvent être adaptés en fonction des besoins et des priorités de la communauté concernée.

Suppression de la monnaie FIAT (la représentation monétaire mise en place par un État, sous gestion d'une banque centrale) et remplacement par la crypto-monnaie communautaire sur des plateformes de « *trade* » permettant des échanges intercommunautaires, fondés et gérés par le fond souverain communautaire local.

Monnaies virtuelles

Elles fonctionnent sur la base de la technologie de la "*blockchain*", qui est un registre numérique décentralisé et sécurisé. Voici les principes fondamentaux du fonctionnement des crypto-monnaies.

Technologie de la blockchain : les crypto-monnaies utilisent cette technologie pour enregistrer et vérifier les transactions. La blockchain est une chaîne de blocs de données contenant des informations sur toutes les transactions effectuées avec la crypto-monnaie. Chaque bloc contient un ensemble de transactions, et une fois qu'un bloc est ajouté à la chaîne, il devient immuable et ne peut plus être modifié.

Décentralisation : contrairement aux systèmes financiers traditionnels qui sont généralement centralisés, les crypto-monnaies sont décentralisées. Cela signifie qu'elles ne sont pas contrôlées par une autorité centrale telle qu'une banque centrale ou un gouvernement. Au lieu de cela, elles reposent sur un réseau décentralisé de participants (appelés mineurs) qui vérifient les transactions et maintiennent la sécurité du réseau.

Cryptographie : les crypto-monnaies utilisent des techniques de cryptographie avancées pour sécuriser les transactions et contrôler la création de nouvelles unités de monnaie. Les clés cryptographiques permettent de sécuriser les portefeuilles numériques des utilisateurs et de garantir l'authenticité des transactions.

Minage : dans de nombreuses crypto-monnaies, le processus de minage est utilisé pour vérifier et valider les transactions. Les mineurs utilisent des ordinateurs puissants pour résoudre des problèmes mathématiques complexes, et lorsqu'ils parviennent à résoudre ces problèmes, ils ajoutent un bloc de transactions à la blockchain et sont récompensés par de nouvelles unités de crypto-monnaie.

Limitation de l'offre : la plupart des crypto-monnaies ont une offre limitée, c'est-à-dire qu'il existe un nombre maximal d'unités de monnaie pouvant être créées. Par exemple, le Bitcoin est conçu pour avoir une offre maximale de 21 millions de bitcoins. Cette limitation de l'offre vise à maintenir la valeur de la crypto-monnaie en évitant une inflation excessive.

Transactions peer-to-peer : les transactions avec des crypto-monnaies se font directement entre les parties concernées, sans intermédiaire. Cela signifie que les transactions peuvent être effectuées rapidement et à moindre coût, en contournant les frais de transaction associés aux systèmes financiers traditionnels.

Ce qui est aussi très intéressant à mon goût c'est que chaque crypto-monnaie peut avoir ses propres spécificités et mécanismes de fonctionnement. De plus, le marché des crypto-monnaies est dynamique et en constante évolution, avec de nouvelles technologies et des projets émergents.

Monnaie communautaire (qu'elle soit crypto ou pas), c'est une forme de devise utilisée au sein d'une communauté ou d'une région restreinte. Contrairement à la monnaie nationale émise par le gouvernement central, une monnaie locale est généralement gérée de manière indépendante par une organisation locale ou une coopérative et auto-gérée.

Les monnaies locales ont plusieurs objectifs et avantages potentiels :

Renforcement de l'économie locale : les monnaies locales encouragent les échanges économiques à l'intérieur d'une communauté spécifique. En favorisant les achats auprès de commerçants locaux, elles contribuent au développement économique local, au soutien des petites entreprises et à la création de valeur.

Création de liens sociaux : les monnaies locales peuvent renforcer les liens sociaux au sein d'une communauté en encourageant les échanges directs entre les membres. Elles favorisent les relations de confiance, la coopération et la solidarité, tout en réduisant la dépendance à l'égard des grandes entreprises et des chaînes commerciales.

Promotion du développement durable : les monnaies locales peuvent être utilisées pour promouvoir des pratiques économiques durables. Par exemple, certaines monnaies locales encouragent l'achat de produits locaux et écologiques, la réduction des déchets, le soutien à l'agriculture biologique, ou encore le développement des énergies renouvelables.

Stimuler la créativité économique : les monnaies locales peuvent favoriser l'innovation et la créativité en encourageant de nouveaux modèles économiques, de nouvelles formes d'échanges et de coopération. Elles offrent également une plateforme pour l'émergence de projets communautaires et d'initiatives locales.

Les monnaies locales devront fonctionner exclusivement via des systèmes électroniques de paiement.

Cependant, il convient de souligner que l'efficacité et l'impact des monnaies locales peuvent varier en fonction du contexte local, de la participation communautaire et de la gestion de la monnaie. Certaines initiatives locales ont connu un succès notable, tandis que d'autres ont rencontré des difficultés à maintenir leur fonctionnement à long terme.

La généralisation de ce modèle, complété d'une éducation où la CNV et la Co-Pétition sont de mise, favorisera les échanges intra et inters communautaires, ce qui aura pour conséquence de réduire les principaux défauts rencontrés à ce jour grâce à la masse critique.

DE L'ECONOMIQUE

Je vais résumer les points clés d'ordre économique évoqués dans les paragraphes précédents et tenter d'étayer davantage ma réflexion.

Il me semble préférable de remplacer le concept de possession par la gestion d'actifs avec une redistribution intergénérationnelle basée sur la valeur que ces actifs produisent pour la communauté. Les impôts ont été remplacés par un financement participatif par objectif, dans le cadre d'un programme couvrant les besoins de la communauté. La majorité des emplois est maintenant occupée par des IA et des robots, tandis que le travail est réservé aux êtres humains.

Les humains reçoivent un revenu universel pondéré, financé par une taxe sur les IA. Ils perçoivent également des revenus provenant des actifs qu'ils gèrent, ainsi que des emplois qu'ils occupent. Le concept de produit a été totalement supprimé puis remplacé par le concept de services. Par exemple, au lieu de vendre un smartphone, il nous est proposé un service de communication, incluant son entretien. Ce qui implique un cercle vertueux sur les objets et de les maintenir en vie le plus longtemps possible. À l'inverse de suivre un modèle de consommation jetable, la durabilité et la réutilisation des objets est encouragée. En adoptant une approche axée sur les services plutôt que sur la possession, un véritable engagement est pris afin de prolonger la durée de vie des produits en offrant des services d'entretien, de réparation et de mise à niveau.

En favorisant la gestion d'actifs et la redistribution intergénérationnelle, nous encourageons également une utilisation plus responsable des ressources. Les objets sont considérés comme des actifs précieux pour la communauté, et leur valeur est mesurée en fonction de leur utilité et de leur contribution sociale. Cela incite à une approche plus réfléchie de la consommation, où les décisions d'achat sont basées sur la durabilité et l'impact environnemental.

En prolongeant la durée de vie des objets la demande de nouvelles productions est également réduite, ce qui peut contribuer à la préservation des ressources naturelles et à la réduction des déchets. De plus, en privilégiant les services plutôt que la possession, l'économie de partage et la mutualisation des ressources est encouragée, ce qui peut entraîner une utilisation plus efficace des biens et une réduction globale de la consommation.

Dans l'ensemble, cette approche économique favorise la durabilité, la responsabilité et la prise en compte des besoins des générations actuelles et futures. En transformant notre rapport aux objets et en promouvant une utilisation plus raisonnée des ressources, nous aspirons à créer un cercle vertueux où l'économie et l'environnement se soutiennent mutuellement pour le bien-être de tous.

Dans ce nouveau modèle économique, nous remplaçons la publicité traditionnelle par une information factuelle axée sur le service plutôt que sur un produit. Au lieu de créer des accroches émotionnelles visant à susciter le désir d'achat, nous mettons l'accent sur la transmission d'informations pertinentes et objectives aux consommateurs.

L'objectif est de fournir aux utilisateurs des informations claires et transparentes sur les services proposés, en mettant en avant leurs caractéristiques, leurs avantages et leur valeur ajoutée. Au lieu de manipuler les émotions des consommateurs pour les inciter à acheter, une approche basée sur la confiance et l'information objective est privilégiée.

Cela permet aux consommateurs de prendre des décisions éclairées, en comprenant réellement ce qu'ils achètent et en évaluant les services en fonction de leurs besoins réels. L'accent est mis sur la qualité, la fiabilité et l'adéquation du service au regard des attentes du consommateur.

En éliminant les tactiques publicitaires trompeuses et en favorisant une communication transparente, la confiance entre les entreprises et les consommateurs est ainsi visée. Cette approche contribue à un environnement économique plus équilibré et à une relation plus saine entre les fournisseurs de services et les utilisateurs.

Effectivement, l'idée d'une économie planifiée peut sembler prometteuse en période de raréfaction des ressources, car elle permettrait une allocation plus efficace et équitable des biens et des services. Cependant, les expériences passées, telles que le communisme et le socialisme, ont souvent rencontré des difficultés et des échecs.

Voici quelques-unes des raisons couramment évoquées pour expliquer ces difficultés.

Centralisation excessive du pouvoir : le communisme met l'accent sur la propriété collective des moyens de production et la planification économique centralisée. Pourtant, il a souvent conduit à une concentration excessive du pouvoir entre les mains d'un petit groupe ou d'un parti politique, entraînant des abus de pouvoir, la suppression des libertés individuelles et une absence de démocratie.

Manque de coordination : dans une économie planifiée, la coordination de toutes les activités économiques devient essentielle. Cela implique de prévoir et de contrôler la production, la distribution, les prix, les investissements, etc. Cependant, il est extrêmement difficile pour des planificateurs centralisés de recueillir et d'analyser toutes les informations nécessaires pour prendre des décisions optimales. Les économies planifiées ont souvent souffert de problèmes de coordination, ce qui a entraîné des inefficacités et des déséquilibres économiques.

Information imparfaite : les économies planifiées rencontrent souvent des problèmes liés à la collecte et à la diffusion de l'information économique. Les planificateurs centraux ont du mal à connaître les préférences des consommateurs, les coûts de production et les conditions du marché en temps réel. Cela peut conduire à des décisions inadaptées et à une allocation inefficace des ressources.

Politisation de l'économie : les économies planifiées ont tendance à être fortement politisées, ce qui implique que les décisions économiques sont souvent prises en fonction d'intérêts politiques plutôt que d'objectifs économiques. Cela peut entraîner des distorsions, de la corruption et des inégalités économiques.

Manque de flexibilité : les économies planifiées sont souvent rigides et ont du mal à s'adapter rapidement aux changements économiques ou aux nouvelles opportunités. L'absence de mécanismes de marché rend difficile l'ajustement des prix, des quantités produites et des modes de production en fonction de l'évolution des conditions économiques.

Manque de libertés individuelles : les régimes communistes ont souvent restreint les droits individuels et les libertés civiles au nom de la solidarité collective. La liberté d'expression, la liberté de la presse, la liberté de réunion et d'association ont souvent été limitées, ce qui a entravé le développement d'une société civile dynamique et pluraliste.

Manque d'incitations : dans une économie planifiée, les incitations économiques traditionnelles, telles que la recherche du profit ou la récompense de l'effort individuel, peuvent être affaiblies. L'absence de mécanismes de marché peut décourager l'innovation, ainsi les individus peuvent être moins motivés pour contribuer pleinement à l'économie.

Pénurie de biens et services : la planification économique centralisée peut entraîner des pénuries de biens et de services, car les ressources sont mal allouées et les décisions économiques sont prises par des bureaucraties souvent inefficaces. Les files d'attente pour l'approvisionnement en produits de base étaient courantes dans certains pays communistes des années 1960 ainsi la diversité des biens de consommation souvent limités.

Manque de progrès et d'adaptation : le système communiste peut freiner l'innovation et l'adaptation aux changements économiques et sociaux. En l'absence de mécanismes de marché et de libre concurrence, cela peut entrainer un manque d'incitation à innover, à améliorer les produits et les processus, et à s'adapter aux nouvelles réalités économiques mondiales.

Il convient de noter que ces critiques sont basées sur les expériences passées et qu'il existe différentes approches et nuances de l'économie planifiée qui pourraient atténuer certains de ces problèmes. Cependant, ces écueils soulignent les défis inhérents à la mise en œuvre d'une économie planifiée à grande échelle.

Bon nombre des problèmes rencontrés dans les expériences passées de l'économie planifiée sont liés à des biais comportementaux humains plutôt qu'au concept de collectivisme ou d'égalité sociale en soi. Les erreurs et les échecs peuvent être attribués aux limites de l'application pratique de ces idéaux dans des systèmes économiques réels géré par des sapiens, ainsi qu'aux facteurs contextuels, politiques et historiques.

Les biais comportementaux humains tels que l'égoïsme, la corruption, la recherche du pouvoir politique, la résistance au changement ou la difficulté à prendre en compte l'ensemble des informations peuvent certainement affecter l'efficacité et la viabilité d'une économie planifiée. Ces biais sont universels et peuvent être présents dans tout système économique, qu'il soit planifié ou basé sur le marché. Factuellement, dans ce genre de contexte, l'économie capitaliste est plus efficiente jusqu'à un point de rupture par raréfaction de l'énergie, uniformisation des comportements et rupture de ressources.

Il est également important de noter que l'expérience du communisme et du socialisme dans différents pays et époques fut hétéroclite. Certaines tentatives ont réussi à mettre en place des systèmes relativement stables et égalitaires, tandis que d'autres ont été marquées par des abus de pouvoir, des pénuries et des déséquilibres économiques. Les circonstances historiques, les choix politiques et les conditions socio-économiques ont tous joué un rôle dans les résultats observés.

Il est possible que des implémentations plus adaptées de l'économie planifiée, prenant en compte les leçons du passé et bénéficiant des avancées technologiques et des connaissances actuelles, puissent atténuer certains des problèmes rencontrés jadis. Celles-ci pourraient inclure des mécanismes de participation démocratique, une gestion transparente, une allocation efficace des ressources et une flexibilité pour s'adapter aux changements économiques et sociaux.

En conclusion, il est essentiel de reconnaître que les écueils associés à l'économie planifiée ne sont pas exclusivement liés à l'idée de collectivisme ou d'égalité sociale, mais plutôt à la manière dont ces idéaux ont été mis en œuvre dans des contextes spécifiques. Une réflexion approfondie, une évaluation des leçons du passé et une adaptation aux circonstances présentes peuvent contribuer à l'évolution des approches économiques et à la recherche de systèmes plus équilibrés et durables.

Dans ce système où le travail est principalement effectué par des robots et des intelligences artificielles, la gestion des actifs de la société serait confiée à un conseil d'administration et de direction composé d'êtres humains. Chaque communauté aurait la responsabilité de définir le nombre de prestataires de services nécessaires à son fonctionnement, avec un minimum de trois prestataires et un maximum variable. Les critères de légitimité des prestataires seraient définis, incluant la durée des concessions et des accords de niveau de service (SLA) avec des pénalités en cas de non-respect. Des indicateurs de performance seraient établis pour évaluer les prestataires, et l'IA sélectionnerait les trois meilleurs.

Les utilisateurs évalueraient les services en continu, en se basant sur des référentiels définis. Tout prestataire qui obtient une performance supérieure en moyenne sur le mandat à 85 % en fin de concession serait automatiquement reconduit. En cas de plusieurs prestataires au même niveau de qualité d'excellence, seuls les deux premiers seraient conservés, tandis que le dernier serait soumis à un tirage au sort effectué par l'IA. En cas de baisse de performance en dessous de 55 %, la licence d'exploitation du prestataire serait suspendue, un nouveau prestataire serait choisi, et le financement de la transition serait supporté par le prestataire qui n'a pas rempli son mandat.

Cela garantirait une certaine compétitivité et une amélioration continue des services, tout en permettant une évaluation objective des prestataires. Les sanctions en cas de sous-performance inciteraient les prestataires à maintenir des standards élevés, tandis que les reconductions automatiques pour une performance élevée encourageraient la stabilité et la continuité des services de qualité. En effet, l'introduction d'un critère sur le rapport qualité/prix permettrait une autorégulation tarifaire dans le système. Les prestataires de services seraient incités à offrir des services de qualité à des prix compétitifs afin de répondre aux attentes des utilisateurs. Les utilisateurs évalueraient non seulement la performance des prestataires, mais aussi leur rapport qualité/prix, ce qui jouerait un rôle dans leur choix et leur évaluation.

Cette autorégulation tarifaire favoriserait la concurrence entre les prestataires et encouragerait l'efficacité économique. Les prestataires chercheraient à optimiser leur offre en termes de qualité et de coût, afin de rester compétitifs sur le marché. Les utilisateurs bénéficieraient ainsi de services de qualité à des prix raisonnables, tandis que les prestataires seraient récompensés pour leur performance et leur compétitivité.

Cependant, il est important de souligner que la mise en place d'un tel système nécessiterait une surveillance régulière pour éviter toute forme de collusion ou de manipulation des prix par les prestataires. Des mécanismes de contrôle et de transparence devraient être mis en place pour garantir une concurrence équitable et prévenir les abus éventuels.

En résumé, l'introduction d'un critère sur le rapport qualité/prix favoriserait l'autorégulation tarifaire dans le système, permettant aux utilisateurs de bénéficier de services de qualité à des prix compétitifs, tout en encourageant la concurrence et l'efficacité économique.

Ce n'est pas comme le dit la vielle chanson "la lutte finale" mais la porte vers l'univers des possibles…

DE LA CREATIVITE A L'INNOVATION POUR LE PROGRES

La créativité est un processus mental qui consiste à générer de nouvelles idées, concepts, associations ou solutions originales. Elle implique la capacité de penser de manière imaginative et de produire des résultats qui sont à la fois nouveaux et précieux.

La créativité peut s'exprimer dans de nombreux domaines, tels que les arts, la littérature, la musique, la science, la technologie, les affaires, etc. Elle peut prendre différentes formes, comme la création d'œuvres d'art, l'invention de nouvelles technologies, l'écriture de romans, la résolution de problèmes complexes, l'innovation dans les affaires, et bien d'autres encore.

La créativité nécessite souvent une combinaison de compétences cognitives, d'imagination, d'intuition et de connaissances préalables dans le domaine concerné. Elle peut être encouragée et développée par des facteurs tels que l'environnement favorable, la curiosité, la flexibilité mentale, l'ouverture d'esprit et la volonté de prendre des risques.

La créativité joue un rôle essentiel dans le progrès et le développement de la société, car elle permet de trouver de nouvelles solutions aux problèmes, d'explorer de nouvelles idées et de stimuler l'innovation. Elle contribue également à l'expression de soi, à l'épanouissement personnel et à la satisfaction artistique.

Dans le cadre de ma pensée, je considère que la créativité est une faculté propre à l'humain et qu'elle doit être préservée en tant qu'activité et travail qui lui sont réservés. Je crois fermement que la créativité ne peut être entièrement reproduite ou remplacée par l'intelligence artificielle (IA).

La créativité humaine est alimentée par notre capacité à puiser dans nos expériences, nos émotions et nos connaissances pour générer de nouvelles idées, de nouvelles perspectives et des solutions novatrices. Elle implique souvent un processus non linéaire, intuitif et subjectif, qui transcende les seules données et algorithmes. C'est dans cette capacité à penser de manière originale, à établir des connexions inattendues et à remettre en question les conventions que réside la force de la créativité humaine. Dans ma vision de la société tel qu'elle est définie dans les chapitre précédent, il est donc crucial de préserver et de valoriser la créativité en tant que domaine d'expression et de travail réservé à l'humain. Cela signifie reconnaître et soutenir les efforts créatifs des individus, favoriser l'éducation artistique et culturelle, encourager la diversité des formes d'expression artistique, et promouvoir des environnements propices à l'émergence de nouvelles idées et de solutions novatrices.

Albert Einstein est un excellent exemple pour illustrer le processus créatif de l'humain. En effet, il a utilisé son imagination et sa réflexion pour explorer des questions fondamentales de la physique et a pu formuler des théories révolutionnaires qui ont transformé notre compréhension de l'univers.

Einstein est notamment connu pour sa célèbre théorie de la relativité, qui a changé notre conception de l'espace, du temps et de la gravité. Pour parvenir à ces découvertes, il a commencé par se poser des questions profondes et provocatrices, telles que "La pensée de l'ascenseur" pour illustrer certaines idées clés de sa théorie de la relativité restreinte. Dans cette analogie, il imagine un ascenseur spatial dans l'espace vide, sans aucun champ de force extérieur agissant sur lui. L'ascenseur est tiré vers le haut avec une accélération constante par une force exercée par un géant.

En se basant sur cette situation de pensée, Einstein a pu développer des concepts clés tels que la relativité de la simultanéité et la dilatation du temps. Par exemple, il a montré que si deux personnes se trouvaient dans cet ascenseur et que l'une d'elles lâchait un objet, l'objet tomberait vers le bas, comme on s'y attendrait. Cependant, pour un observateur à l'intérieur de l'ascenseur, il semblerait que l'objet reste en suspension dans les airs en raison de l'accélération de l'ascenseur.

Cette pensée de l'ascenseur a permis à Einstein d'explorer les conséquences de la relativité des mouvements et d'élaborer des principes fondamentaux de la physique moderne. Elle illustre sa capacité à utiliser des analogies visuelles pour aider à conceptualiser des idées complexes et à formuler des théories révolutionnaires.

En partant de ces interrogations, Einstein a utilisé son imagination et son raisonnement logique pour explorer les implications possibles. Il a formulé des hypothèses audacieuses, puis s'est efforcé de les confronter à des expériences et à des observations du monde réel. Par ce processus de réflexion créative et de vérification empirique, il a pu développer des théories qui ont finalement été confirmées par des expériences et des observations scientifiques.

L'approche d'Einstein souligne l'importance de la créativité dans la recherche scientifique. Il a combiné des qualités telles que l'imagination, la curiosité, la persévérance et la rigueur intellectuelle pour repousser les limites de la connaissance et formuler des idées novatrices.

L'IA, telle qu'elle existe actuellement, n'est pas dotée d'une compréhension ou d'une conscience au sens humain. Bien qu'elle puisse trouver des modèles et des relations mathématiques complexes dans les données, elle ne peut pas fournir une compréhension conceptuelle ou une interprétation profonde des phénomènes.

Dans notre exemple de la relativité et des corrections liées au temps propre dans les satellites GPS, l'IA pourrait effectivement être utilisée pour analyser les données et calculer ces corrections avec une grande précision. Cependant, elle ne serait pas en mesure de fournir une explication conceptuelle ou une compréhension profonde du concept du temps propre, comme cela a été réalisé par des scientifiques comme Einstein.

Ainsi, l'IA peut être un outil puissant pour traiter et analyser les données, mais elle nécessite toujours une interprétation et une compréhension humaine pour donner un sens aux résultats et aux concepts abstraits. La collaboration entre l'IA et l'humain reste donc essentielle pour tirer le meilleur parti des capacités de l'IA tout en préservant notre capacité à comprendre et à interpréter le monde qui nous entoure.

Cela démontre également le rôle essentiel de l'humain dans le processus de création scientifique. Bien que l'Intelligence Artificielle puisse être utilisée pour analyser des données massives, modéliser des phénomènes complexes et fournir des résultats prédictifs, elle ne peut pas engendrer en elle-même les idées révolutionnaires ou concevoir de nouvelles théories scientifiques en nous donnant le quoi et le pourquoi.

En revanche, je préconise que les activités d'innovation et de progrès soient dans les activités de l'IA mais en collaboration avec l'humain ce que j'ai appelé des activités mixtes.

En effet, la créativité, l'innovation et le progrès sont trois concepts liés, mais distincts.

Comme nous venons de le voir, la créativité fait référence à la capacité de générer de nouvelles idées, de penser de manière imaginative et d'apporter des perspectives originales. C'est la capacité de produire des solutions nouvelles et uniques à des problèmes ou de créer quelque chose d'inédit et valorisant dans un domaine donné. La créativité est essentiellement un processus mental et conceptuel, voire spirituel.

L'innovation, en revanche, est le processus de mise en œuvre concrète et pratique de ces idées créatives. C'est le passage de la conception théorique à l'application pratique. L'innovation implique la mise en place de nouvelles méthodes, produits, services ou processus qui apportent une valeur ajoutée et répondent aux besoins ou aux demandes du marché.

En d'autres termes, la créativité est le point de départ de l'innovation. Elle englobe la génération d'idées novatrices et la réflexion imaginative, tandis que l'innovation concerne l'implémentation de ces idées dans la réalité, en créant des produits, des services ou des processus concrets.

Il est important de noter que toutes les idées créatives ne se traduisent pas nécessairement par une innovation. Certaines idées créatives peuvent rester au stade de la conceptualisation et ne jamais être mises en pratique. L'innovation nécessite souvent des efforts supplémentaires, tels que la planification, la collaboration, le développement de prototypes, les tests, l'adaptation aux contraintes du marché, etc.

La créativité concerne la génération d'idées originales, tandis que l'innovation concerne la mise en pratique de ces idées pour créer des produits, des services ou des processus qui apportent une valeur ajoutée à la société.

L'innovation seule n'est pas automatiquement synonyme d'amélioration de la vie humaine dans son ensemble. Elle peut être axée sur des objectifs économiques, technologiques ou commerciaux, sans nécessairement prendre en compte les implications éthiques et le bien-être collectif à long terme.

Dès lors la notion de progrès entre en jeu. Le progrès implique une vision plus large et intègre des considérations éthiques, sociales et environnementales dans le processus d'innovation. Il s'agit d'utiliser la créativité et l'innovation de manière responsable et dans le but de générer des avantages concrets pour l'ensemble de la société.

Le progrès met l'accent sur la durabilité, la justice sociale et le respect des droits humains et l'amélioration continue du bien-être collectif. Il s'agit de s'assurer que les bénéfices économiques et technologiques de l'innovation ne sont pas obtenus au détriment des individus, de l'environnement ou des générations futures.

Ou bien, si des efforts individuels sont fournis pour une amélioration à ce jour, il en découlera un bien-être collectif demain.

Par exemple, un progrès dans le domaine de l'énergie pourrait se concentrer sur un développement inédit sur des sources d'énergie propres et renouvelables, réduisant ainsi notre dépendance aux combustibles fossiles et contribuant à la lutte contre le changement climatique. Cela représenterait un véritable progrès, car cela améliorerait non seulement la qualité de vie actuelle, mais garantirait également un avenir plus durable pour les générations à venir.

De plus, le progrès implique également de considérer les inégalités et de promouvoir une répartition équitable des avantages de l'innovation. Il vise à réduire les écarts sociaux, à favoriser l'inclusion et à offrir des opportunités à tous.

LA SANTE

Quels que soient les domaines, la santé tout particulièrement, je préconise l'abolition de toute forme d'autorité
coercitive et la promotion de l'autonomie individuelle et
collective.

Dans le contexte des soins de santé, je pense optimale la
mise en place de réseaux de santé visant à créer des structures et des pratiques de soins qui sont fondées sur les
principes de solidarité, d'égalité, d'entraide et d'autonomie.

Les réseaux de santé tels que je les conçois doivent
encourager la participation active des individus dans la prise
de décisions concernant leur propre santé et favoriser
l'accès égalitaire aux soins de santé pour tous, indépendamment de leur statut socio-économique, genre et origine.

Ils doivent être décentralisés et horizontaux, évitant les
hiérarchies et les relations de pouvoir et surtout doivent
mettent l'accent sur l'appréhension de la santé, c'est-à-dire
sur la prévention des maladies et la promotion de modes de
vie sains, plutôt que sur le simple traitement des symptômes.

Dans ce cadre d'un réseau, l'idée serait d'utiliser au
maximum la technologie pour faciliter en premier l'accès aux
soins de santé à domicile et améliorer le diagnostic.
L'utilisation de dispositifs technologiques portables et de
capteurs pour surveiller les signes vitaux, l'analyse sanguine
et d'autres paramètres physiologiques peut permettre aux

individus via l'IA de mieux comprendre leur état de santé et de détecter les problèmes potentiels plus tôt.

L'intégration d'une Intelligence Artificielle sous la forme d'un "médecin généraliste universel" virtuel, va fournir des informations et des conseils basés sur les données collectées. L'IA évalue les symptômes, recommande des actions à prendre et fournit même un diagnostic préliminaire et avec une cascade d'algorithmes d'IA de plus en plus spécialisée amenant au diagnostic complet holistique et 360° en éradiquant les problèmes de ressource, d'attente et de coût.

Le nœud de base du réseau de soin consiste à doter chaque lieu de vie d'éléments de premiers secours (style dispensaire en Afrique) et d'une pharmacopée d'urgence. Cela permet aux individus d'avoir accès à des ressources médicales de base en cas d'urgence ou de situation critique, réduisant ainsi la dépendance envers des nœuds spécialisés du réseau. Cependant, il est important de noter que certaines situations médicales nécessitent une expertise spécialisée et des soins avancés qui ne peuvent pas toujours être gérés uniquement à domicile.

L'autonomie et "*l'empowerment*" des individus dans la gestion de leur santé sont des valeurs centrales dans un réseau de santé. Cependant, il est également important de reconnaître l'importance des compétences médicales et de l'expertise professionnelle pour les situations plus complexes. La combinaison d'une approche autonome à domicile et l'accès à des professionnels de santé, lorsque

nécessaire, peut offrir un équilibre entre autonomie individuelle et assistance médicale.

Le 2ème nœud spécialisé du réseau est les maisons de
santé communautaires, les centres de bien-être autogérés,
les groupes de soutien mutuel, les collectifs de professionnels de la santé et les praticiens alternatifs qui couvrent
le 360°, la pharmacie, l'obstétrique et la chirurgie
ambulatoire, la kinésithérapie, la radiologie, les dentistes,
l'analyse médicale, le psychologue, le psychiatre, le coach de
vie, le fitness etc... Par souci de cohérence, pour ses experts
officiants dans des nœuds de réseau de santé, pour leur
travail communautaire (revenu universel), il serait préférable qu'ils s'engagent dans l'éducation populaire en
matière de santé, en diffusant des informations sur les
pratiques préventives, les soins personnels et les thérapies
alternatives.

Le 3ème nœud spécialisé est le centre de soin et de
recherche dédié au soin et à la chirurgie lourde et à l'enseignement.

L'IA supervisera, pour une densité de population, la
granularité optimale du maillage, il est préférable d'utiliser
l'IA et la technologie : robots, printer 3D etc. (par souci d'optimisation des coûts et des moyens)

Il convient également de noter que la mise en œuvre de
tels systèmes technologiques nécessite une attention
particulière à la protection de la vie privée et à la sécurité
des données. La collecte et l'analyse de données sensibles

de santé nécessitent des mesures de sécurité robustes pour protéger les données confidentielles des individus.

Les budgets de la santé seraient faits sur la base de financement participatif et d'auto-évaluation de la santé. Les coûts de la santé peuvent être abordés de manière collective et équitable selon les objectifs de la politique de santé de la communauté. Voici quelques éléments qui pourraient être pris en compte.

Financement participatif : les frais de santé pourraient être financés par le biais de contributions collectives des membres de la communauté. Chacun contribue selon ses capacités financières, ce qui permet de répartir les coûts de manière équitable.

Budgets optimisés : les ressources financières seraient utilisées de manière optimisée en se concentrant sur les interventions de santé qui sont les plus utiles et bénéfiques pour les individus et la communauté. Les décisions seraient prises en tenant compte des résultats cliniques, de l'efficacité et de l'impact sur la qualité de vie des patients.

Régulation par l'IA : l'utilisation de l'Intelligence Artificielle va réguler les dépenses de santé en analysant les données et en identifiant les opportunités d'optimisation des coûts. L'IA va également faciliter la prise de décision en fournissant des recommandations basées sur des preuves et des données probantes.

Pour combler les écarts de financement réel, l'idée des crédits santé peut être explorée. Cela impliquerait de fournir des crédits ou des prêts spécifiques pour couvrir les coûts de santé non pris en charge par le financement participatif. Ces crédits seraient remboursés selon les modalités convenues, offrant ainsi un soutien financier supplémentaire lorsque cela est nécessaire (voir le modèle dans le chapitre économie)

DU JUDICIAIRE ET DU SECURITAIRE

Concernant ces domaines, je préconise une approche du système judiciaire et des services de sécurité axée sur la prévention, l'éducation et la réparation plutôt que sur la répression pure et simple. Ce qui est primordial est la résolution des problèmes sociaux, la prévention des infractions et la réadaptation (éducation / réinsertion) des contrevenants.

Politique réparatrice : l'objectif principal de la politique réparatrice est de restaurer les relations sociales et d'aider les victimes et les contrevenants à surmonter les conséquences de l'infraction. Cela peut inclure des mesures telles que la médiation, la réparation du préjudice causé aux victimes et des programmes de réinsertion sociale pour les contrevenants.

Politique instructrice : l'approche instructrice vise à éduquer les contrevenants sur les conséquences de leurs actes, à les sensibiliser aux normes sociales et à les aider à développer des compétences et des attitudes positives. Des programmes éducatifs, des formations professionnelles et des services de soutien peuvent être mis en place pour favoriser la réhabilitation et la réintégration sociale des contrevenants.

Prévention et protection : les services de sécurité jouent un rôle clé dans la prévention des infractions et la protection de la société. Ils peuvent fournir des informations, des ressources et des conseils pour promouvoir la sécurité, prévenir la criminalité et les comportements déviants. Cela peut inclure des programmes de sensibilisation gérés au niveau communautaire, des activités de prévention ciblées et une collaboration avec d'autres acteurs sociaux.

Répression en dernier recours : selon les principes de proportionnalité et d'opportunité, la répression est considérée comme une mesure de dernier recours. Cela signifie que la répression pénale, telle que les sanctions et les peines, n'est utilisée que lorsque toutes les autres options ont été épuisées ou sont considérées comme inappropriées. L'objectif est d'assurer que la sanction pénale est juste, équilibrée et adaptée à la gravité de l'infraction.

Même si la privation des libertés peut être tolérée, le concept de prison tel que nous le connaissons doit être supprimé.

Ma perception sur ce thème est de confier l'aspect sécuritaire et de surveillance à l'Intelligence Artificielle (IA) sous le contrôle d'un comité d'éthique humain élu.

Dans mon approche, les technologies sont utilisées pour renforcer la sécurité tout en maintenant une supervision humaine et une prise de décision éthique.

Utilisation de l'IA pour la sécurité et la surveillance : l'IA peut être utilisée pour améliorer la sécurité en analysant des données provenant de diverses sources telles que les caméras de surveillance, les capteurs, les réseaux sociaux, etc. L'IA peut aider à détecter les comportements suspects, à identifier les menaces potentielles et à alerter les autorités compétentes.

Contrôle par un comité d'éthique humain : pour garantir une utilisation responsable de l'IA en matière de sécurité et de surveillance, un comité d'éthique humain élu peut être établi. Ce comité serait responsable de superviser les activités de l'IA, d'établir des politiques et des protocoles éthiques, de s'assurer que les droits individuels sont respectés, et d'évaluer régulièrement les impacts de l'IA sur la société.

Prise de décision éthique : le comité d'éthique humain élu serait chargé de définir les principes et les valeurs éthiques qui guideront l'IA dans ses décisions en matière de sécurité et de surveillance. Il s'agit de garantir que les droits fondamentaux des individus sont protégés, d'éviter les discriminations et de prévenir les abus de pouvoir. Le comité serait responsable de superviser les algorithmes et les modèles utilisés par l'IA afin de s'assurer de leur transparence et de leur équité.

Responsabilité et redevabilité : un aspect essentiel de l'utilisation de l'IA dans la sécurité et la surveillance est la responsabilité et la redevabilité. Le comité d'éthique humain élu devrait établir des mécanismes pour surveiller et évaluer l'impact de l'IA sur les individus et la société, et prendre des mesures correctives si nécessaire. Il est également important de garantir que les décisions prises par l'IA soient sujettes à un examen humain et puissent être contestées si elles sont jugées inappropriées.

Sensibilisation et transparence : une communication transparente et une sensibilisation de la population sont essentielles pour établir la confiance dans l'utilisation de l'IA en matière de sécurité et de surveillance. Les citoyens doivent être informés des objectifs, des limites et des implications de ces technologies, ainsi que de leurs droits en matière de protection de la vie privée et de la sécurité des données.

Il convient de souligner que l'utilisation de l'IA en matière de sécurité et de surveillance soulève des questions complexes liées à la vie privée, à la discrimination, à la surveillance de masse, et à la préservation des libertés individuelles. Il est donc essentiel de mettre en place des mécanismes de gouvernance robustes et de garantir un débat public ouvert pour façonner ces politiques.

Dans un système législatif tel que je le conçois, la loi est supprimée. L'accent est alors mis sur la participation directe des individus dans la résolution des conflits. La prise de décision est décentralisée et fondée sur le consensus au sein des communautés et inter communautés.

Au lieu de s'appuyer sur des décisions de tribunaux hiérarchisés et spécialisés, la loi devrait résulter de l'échange d'expériences et de la résolution collective des litiges au sein des assemblées communautaires. Les décisions prises dans ces instances pourraient servir de références et d'orientations pour les cas similaires à l'avenir et servir de jurisprudence.

Forts de cette base de données, qui s'enrichit en temps réel où la jurisprudence est réintégrée immédiatement, les fonctions des juges et avocats seraient dès lors exécutées par l'IA. Le dernier recours serait une cour suprême tirée au sort, et dont les décisions enrichiraient la base de connaissances.

Ainsi ma vision du système législatif serait donc basée sur l'intégration cohérente des expériences et les pratiques communautaires enrichie par les jugements formels rendus par l'IA ou par la cour suprême. Ce système juridique évoluerait constamment en fonction des besoins et des valeurs de la communauté, tout en garantissant la justice et l'équité dans la résolution des conflits.

La manière dont le système juridique serait appliqué et respecté dépendrait du consensus et de la volonté collective des individus au sein de la communauté. Le respect des décisions et des précédents serait assuré par l'adhésion volontaire des membres de la communauté aux principes et aux normes auto-adaptatives qui émergeraient.

En définitive ce serait un système juridique basé sur des décisions et des pratiques émanant au départ d'assemblées communautaires et enrichi par l'historique des décisions, rendues et systématiquement par la communauté contextualisée par l'IA. Et comme expliqué plus haut, en cas de contestation, la décision (selon les critères constitutionnels) serait validée, en cas de contestation par une cour suprême humaine tirée au sort. Cela servirait de références pour la résolution des litiges futurs. La participation directe des individus pour la définition du processus de recherche du consensus serait au cœur même du système législatif, garantissant ainsi la justice et l'équité ainsi qu'une responsabilisation des membres au sein de la communauté.

CONCLUSION

En conclusion, la mise en place d'une démocratie directe formelle et contrôlée, soutenue par les technologies et les méthodologies de gestion de la performance et des risques issus du management moderne, peut offrir de nombreux avantages. Cela permettrait de responsabiliser les citoyens et les élus à tous les niveaux, favorisant ainsi une gestion efficace, libérale, solidaire et respectueuse des libertés politiques et du droit. En utilisant les nouvelles technologies de l'information et de la communication (NTIC) et les meilleures pratiques du Big Data, il serait possible de renforcer la gouvernance et de promouvoir une démocratie directe au sein d'un État de droit.

Cela faciliterait la collecte et l'analyse des données, permettant une prise de décision éclairée et une allocation optimale des ressources. Toutefois, il est essentiel de garantir la transparence, la participation équitable et la protection des droits fondamentaux dans ce processus.

Une réflexion approfondie, une implication des parties prenantes et le respect des principes démocratiques sont nécessaires pour réussir la mise en œuvre de cette démocratie directe et auto-gérée.

L'IA va siphonner pratiquement l'intégralité de l'emploi aux humains, mais ce qui peut apparaitre en apparence et au premier abord comme un désastre est en fait une belle opportunité de remettre à plat notre système social et environnemental pour en bâtir un plus juste, apaisé, respectueux et vertueux.

Cela passera par un revenu universel financé en grande partie par une taxe sur l'IA.

On supprime les impôts que l'on remplace par un financement participatif.

On supprime les banques et la monnaie que l'on remplace par des fonds souverains communautaires locaux en collaboration les uns avec les autres et de la monnaie locale sous forme de Crypto avec des plateformes d'échange.

Les ressources sont gérées localement et en réseau ; on passe d'une organisation hiérarchique à une organisation fractale.

Naturellement il va falloir inventer un équilibre collaboratif entre l'humain et la machine et réserver aux Sapiens certaines activités qu'il devra volontairement gérer sans l'IA.

La somme des raffinements n'est pas égale au raffinement de l'ensemble. La gestion autonome au niveau communautaire, de taille variable, avec des objectifs en évolution selon les besoins et les exigences, nécessite une coordination pour assurer une cohérence globale.

Une organisation de type matricielle, où chaque point (vecteur) communique et se coordonne de proche en proche avec des allers-retours par vagues (descente de gradient), doit trouver à chaque fois un point d'équilibre entre chaque point de contact intercommunautaire. Cela peut être considéré comme une sorte de descente de gradient auto-induite et non supervisée.

La gestion communautaire et locale efficace repose en grande partie sur la création de liens positifs et l'atténuation des conflits intergroupes. Pour limiter le rejet intergroupe dans ce contexte, plusieurs approches et stratégies peuvent être adoptées.

Promouvoir la communication ouverte et la compréhension mutuelle :

Organiser des réunions régulières ou des forums de dialogue où les membres des différents groupes peuvent s'exprimer et écouter les préoccupations des autres.

Encourager la communication interpersonnelle en dehors des réunions officielles pour favoriser le développement de relations plus personnelles.

Mettre l'accent sur les objectifs et les intérêts communs :

Identifier les objectifs et les problèmes qui sont partagés par tous les groupes concernés. En mettant en avant ce qui les unit plutôt que ce qui les divise, la coopération est ainsi favorisée.

Travailler sur des projets ou des initiatives qui apportent des avantages tangibles à tous les groupes, de manière à créer des incitations à la collaboration.

Former à la résolution de conflits :

Offrir des formations en résolution de conflits pour aider les membres des groupes à développer des compétences en communication et en négociation.

Nommer des médiateurs ou des facilitateurs neutres qui peuvent intervenir en cas de désaccord.

Promouvoir la diversité et l'inclusion :

Encourager la participation de membres de tous les groupes dans les processus de prise de décision. Veillez à ce que les organes de gouvernance ou de gestion reflètent la diversité des groupes concernés.

Sensibiliser aux questions de diversité, d'équité et d'inclusion et promouvez des politiques et des pratiques qui les favorisent.

Éduquer et sensibiliser :

Organiser des ateliers, des séminaires ou des campagnes de sensibilisation sur la valeur de la diversité et la prévention de la discrimination.

Encourager l'éducation interculturelle pour promouvoir la compréhension des différentes perspectives culturelles.

Impliquer activement les communautés :

Donner aux communautés locales un rôle actif dans la planification et la mise en œuvre des projets qui les concernent.

Assurer que les processus de consultation sont inclusifs et accessibles à tous les groupes.

Favoriser la responsabilité et la transparence :

Veiller à ce que les décisions et les actions soient prises de manière transparente et documentée, de manière à éviter les suspicions et les ressentiments.

Responsabiliser les membres de la communauté locale et les dirigeants pour qu'ils rendent compte de leurs actions.

Établir des mécanismes de résolution de conflits :

Créer des mécanismes formels permettant de gérer les différends ou les litiges de manière équitable et impartiale.

En adoptant ces stratégies, il sera possible de contribuer à réduire le rejet intergroupe et à créer un environnement communautaire et local plus inclusif, collaboratif et harmonieux.

Tout est à construire… L'univers des possibles s'offre à nous…

"J'en prends aujourd'hui à témoin contre vous le ciel et la terre : j'ai mis devant toi la vie et la mort, la bénédiction et la malédiction. Choisis donc la vie, afin que tu vives, toi et ta postérité." (Deutéronome 30:19)

POUR ALLER AU-DELA

La théorie de l'information et de l'énergie sont deux concepts qui peuvent paraitre distincts mais qui sont complètement interconnectés.

Quelques bases avant d'aller plus loin :

Théorie de l'information

La théorie de l'information est une branche des mathématiques et de l'informatique qui étudie la quantification, le stockage et la transmission de l'information. Elle a été développée par Claude Shannon dans les années 1940. Elle se concentre sur les aspects fondamentaux de l'information, tels que l'encodage, la compression, la transmission, la détection des erreurs et l'entropie. Elle définit l'information comme une mesure de la réduction d'incertitude. En d'autres termes, l'information est le contenu qui permet de réduire notre incertitude sur un événement ou une situation donnée.

Énergie

L'énergie est une grandeur physique qui caractérise la capacité d'un système à produire un travail ou à effectuer une action. Elle existe sous différentes formes, telles que l'énergie cinétique, l'énergie potentielle, l'énergie thermique, l'énergie électrique, etc. L'énergie est fondamentale pour le fonctionnement de tous les systèmes physiques, qu'ils soient naturels ou artificiels. Elle est mesurée en joules (J) dans le système international d'unités.

Dans le contexte de la relation entre la théorie de l'information et l'énergie, il existe des liens étroits entre ces deux concepts. Par exemple, la transmission de l'information nécessite de l'énergie pour encoder, stocker et transmettre les signaux. Dans les systèmes de communication, la quantité d'énergie nécessaire pour transmettre une certaine quantité d'informations est un aspect crucial à considérer pour l'efficacité énergétique des réseaux de communication.

D'un autre côté, la théorie de l'information peut également être appliquée pour analyser et quantifier la quantité d'informations contenue dans les signaux énergétiques. Par exemple, la compression de données est un processus qui consiste à réduire la quantité de *bits* nécessaires pour représenter une certaine quantité d'informations. La théorie de l'information fournit des outils mathématiques pour mesurer l'efficacité de la compression et déterminer les limites fondamentales de la compression de données.

Sur des éléments triviaux et basiques, nous constatons que la théorie de l'information et l'énergie sont des concepts interdépendants dans le domaine de la science et de la technologie. Ils sont étroitement liés dans les systèmes de communication, où l'information est transmise à l'aide de l'énergie, tout en utilisant des principes de la théorie de l'information pour optimiser l'efficacité énergétique.

La mesure de l'Energie (Ev) comme unité universelle

Commençons par la masse qui selon la sous-partie la plus connue des équations d'Einstein ou $E=mC^2$ qui se mesure en Ev, alors $Ev = mC^2$ donc $m = Ev/ C^2$ si je pars du postulat que dans mon référentiel $C=1$, je peux mesurer la masse en Ev

Continuons avec les distances : e nombre d'ondes en mètres réciproques est la fréquence spatiale d'une onde. Selon les équations de Broglie, pour le rayonnement électro-magnétique, le nombre d'ondes est proportionnel à la fréquence et à l'énergie des photons : $E = mc2 = h \cdot c/\lambda = h \cdot v$ où E - énergie ; c = 299 792 458 m/s - vitesse de la lumière ; λ - longueur d'onde ; v - fréquence et h = 6,62607015·10^{-34} J-s - constante de Planck. C'est-à-dire, (1 J)/hc = 5,034 117 01(22) × 10^{24} m^{-1} on arrive facilement à comprendre que 1 m = 1,23984133621455E-06 eV et cela se simplifie encore si on considère que C=1.

Poursuivons avec la seconde qui est une unité de mesure du temps dans le système international.

Pour trouver une correspondance entre la seconde et l'électronvolt, nous devons passer par la constante de Planck (h). Cette constante relie l'énergie d'une particule à sa fréquence par la formule E = hv, où E est l'énergie, h est la constante de Planck et v est la fréquence.

Ainsi pour convertir la seconde en électronvolt, nous pouvons utiliser la relation ΔE = h/Δt, où ΔE est l'énergie correspondante à un intervalle de temps Δt.

Pour être précis gardons à l'esprit que cette conversion dépend du contexte spécifique dans lequel elle est utilisée. Par exemple, dans le cadre de la physique des particules, il est de mise de faire la conversion du temps en unités de longueur en utilisant la relation Δx = cΔt, où c'est la vitesse de la lumière dans le vide.

Ainsi il est possible de trouver une correspondance entre la seconde et l'électronvolt en utilisant des constantes fondamentales de la physique, pour cela nous devons prendre en compte le contexte spécifique et les équations appropriées pour effectuer des conversions précises.

Il est donc possible d'explorer et de trouver des correspondances entre différentes unités de mesure en utilisant un raisonnement similaire. Cependant, il est important de noter que la conversion précise entre différentes unités de mesure peut être complexe et dépend souvent de facteurs spécifiques tels que le contexte, la discipline scientifique et les équations mathématiques impliquées.

Passer en revue l'intégralité des unités sortirait du cadre de cet essai, mais j'ai entrouvert les portes afin que nous puissions, intuitivement, l'admettre comme conjecture et continuer notre balade.

Le Bit/m² comme unité de mesure

Le terme "bit par mètre carré" (bit/m²) est une mesure utilisée pour quantifier la densité d'information ou la capacité de stockage dans un espace donné. Il représente le nombre de bits pouvant être stockés ou transmis par unité de surface.

La notion de "bit par mètre carré" est souvent utilisée dans le contexte de la technologie de stockage de données, comme les disques durs, les mémoires flash ou les supports optiques. Elle permet de décrire la densité d'information qui peut être enregistrée sur la surface de ces dispositifs.

Par exemple, si un disque dur a une densité d'enregistrement de 1 téraoctet par pouce carré (1 Tb/po^2), cela signifie qu'il peut stocker environ 1 téraoctet (1 trillion de bytes) d'informations sur chaque pouce carré de sa surface. En convertissant cette mesure en unités métriques, cela correspondrait à environ 15,5 gigabits par centimètre carré (15,5 Gb/cm^2) ou 1,55 térabits par mètre carré (1,55 Tb/m^2).

Il est important de noter que la densité d'information ou la capacité de stockage d'un dispositif ne dépend pas uniquement de la densité physique de bits par mètre carré, mais également des techniques d'encodage, de la qualité du support et d'autres facteurs technologiques.

Par souci de synthèse, voici un mini résumé pour une meilleure compréhension du plus grand nombre: le terme "bit par mètre carré" (bit/m^2) est une mesure utilisée pour quantifier la densité d'information ou la capacité de stockage dans un espace donné, généralement appliqué aux dispositifs de stockage de données tels que les disques durs, les mémoires flash, etc.

La théorie de l'information quantique, également connue sous le nom d'informatique quantique ou d'information quantique, est un domaine de recherche qui combine les principes de la mécanique quantique et de l'informatique pour étudier la manipulation, le stockage et la transmission de l'information au niveau quantique.

Pour poursuivre selon la conjecture du paragraphe précédent nous devrions être en mesure de trouver une correspondance entre bit/m² et l'Ev, mais cela mérite un peu de développement que je me propose de faire dans les paragraphes qui suivent.

Le Bit/m² unité de mesure universel

Sean Carroll, un physicien théoricien renommé, a effectivement contribué à l'avancée de plusieurs domaines de la physique théorique, et pour le sujet qui nous concerne sur l'étude de l'univers et de l'information.

Il a contribué à la compréhension de l'entropie cosmologique et à l'application du principe holographique à l'univers. Un des éléments de ses travaux qui me passionne particulièrement et qui alimente notre sujet est la relation entre l'information contenue dans l'univers et sa géométrie, en suggérant que l'entropie totale de l'univers pourrait être liée à sa surface, semblable au concept de correspondance holographique.

La correspondance holographique et l'entropie cosmologique suggèrent que l'information contenue dans l'univers peut être liée à des propriétés géométriques et quantiques de l'espace-temps.

Théorie de l'information quantique et gravité quantique

Carroll a également exploré les liens entre la théorie de l'information quantique et la gravité quantique. Il a examiné comment les principes de l'information quantique, tels que l'entropie de Von Neumann, peuvent être appliqués à des systèmes gravitationnels, notamment aux trous noirs.

La limite de Bekenstein, également connue sous le nom de limite d'entropie de Bekenstein, est une limite théorique proposée par le physicien théoricien Jacob Bekenstein dans les années 1970. Elle est liée à la quantité maximale d'entropie ou d'information qu'un système physique peut contenir.

La limite de Bekenstein stipule que l'entropie contenue dans tout système physique, quel qu'il soit, ne peut pas dépasser cette quantité maximale calculée à partir de l'aire de son horizon des événements. Autrement dit, il existe une limite fondamentale à la quantité d'informations que peut contenir un système donné.

La limite de Bekenstein a des implications importantes en physique, en particulier dans le domaine de la gravité quantique et de la théorie de l'information quantique. Elle est étroitement liée au concept de correspondance holographique, qui propose que les informations contenues dans un volume de l'espace-temps puissent être encodées sur sa frontière. Cela suggère une relation profonde entre la gravité et la théorie quantique de l'information.

Le concept de correspondance holographique est une idée importante en physique théorique, notamment dans le domaine de la gravité quantique et de la théorie des cordes. Il propose une étonnante relation entre une théorie gravitationnelle dans un espace à dimensions supérieures et une théorie quantique dans un espace à dimensions inférieures. Cette correspondance a des implications profondes pour la compréhension de l'information et de l'entropie.

Selon le principe de correspondance holographique, une théorie gravitationnelle dans un espace à dimensions (appelé espace en volume) peut être équivalente à une théorie quantique sans gravité dans un espace à n-1 dimensions (appelé espace en bordure). Cette relation est souvent illustrée par l'analogie avec un hologramme, où une image tridimensionnelle est encodée sur une surface bidimensionnelle.

En d'autres termes, toute l'information et les propriétés gravitationnelles d'un système dans l'espace en volume peuvent être entièrement décrites par une théorie quantique sans gravité dans l'espace en bordure. Cela signifie que l'espace tridimensionnel avec la gravité peut être entièrement "codé" dans une théorie sans gravité en deux dimensions, préservant ainsi les informations et l'entropie.

En résumé, le concept de correspondance holographique propose une étonnante relation entre une théorie gravitationnelle et une théorie quantique sans gravité, où l'information et l'entropie sont conservées. Il a des implications importantes pour la compréhension de l'information, de l'entropie et de la relation entre la gravité et la théorie quantique.

L'information quantique et l'entropie de Von Neumann sont des concepts importants dans la théorie de l'information quantique. L'entropie de Von Neumann mesure l'incertitude ou l'indétermination associée à un système quantique donné.

Dans la théorie de l'information classique, l'entropie de Shannon est utilisée pour quantifier l'incertitude dans un système classique. Cependant, dans le contexte quantique, l'entropie de Von Neumann est utilisée car elle généralise l'entropie de Shannon à des systèmes quantiques.

L'entropie de Von Neumann est définie en termes des valeurs propres d'une matrice de densité, qui représente l'état quantique d'un système. Elle mesure la quantité d'information manquante sur l'état quantique réel du système. Plus précisément, l'entropie de Von Neumann d'un système quantique est donnée par la formule :

$S = -\text{Tr}(\rho \log_2 \rho)$

Où ρ est la matrice de densité du système et Tr représente la trace de la matrice.

Maintenant, en ce qui concerne la correspondance entre le bit par mètre carré et l'électronvolt (eV), il est possible de faire une conjecture basée sur l'idée que l'information peut être liée à l'énergie. Cependant, il est important de noter que les unités de bit et d'électronvolt sont utilisées dans des domaines différents et ont des significations différentes.

Le bit est une unité de mesure de l'information classique, représentant un choix binaire entre deux états possibles (0 ou 1). Il est utilisé pour quantifier l'information classique transmise, stockée ou traitée.

L'électronvolt, en revanche, est une unité d'énergie utilisée en physique des particules et en physique quantique. Il représente l'énergie acquise par un électron lorsqu'il traverse une différence de potentiel d'un volt.

Bien qu'il puisse y avoir des relations entre l'information quantique et l'énergie quantique, établir une correspondance précise entre le bit par mètre carré et l'électronvolt nécessiterait une analyse approfondie basée sur des principes fondamentaux de la théorie quantique de l'information. Cette correspondance, si elle existe, pourrait être spécifique à des systèmes ou des situations particulières.

Le Qbit/m² unité de mesure du tout

La théorie de l'information classique, basée sur les lois de la physique classique, traite de la quantification, de la transmission et du traitement de l'information sous forme de bits classiques, qui peuvent prendre les valeurs 0 ou 1. En revanche, la théorie de l'information quantique étend ces concepts pour inclure les propriétés uniques de la mécanique quantique, où les systèmes peuvent exister dans des états de superposition et d'intrication, permettant la manipulation de Qbits quantiques.

Les Qbits sont les unités fondamentales d'information quantique, similaires aux bits classiques mais pouvant représenter à la fois le 0 et le 1 simultanément grâce à la superposition quantique. Cela permet des opérations de calcul parallèles et des capacités de calcul exponentielles dans certains cas, ce qui distingue l'informatique quantique de l'informatique classique.

L'algorithme de factorisation de Shor : Il s'agit d'un algorithme quantique qui peut factoriser de grands nombres en temps polynomial, ce qui a des implications importantes pour la cryptographie et la sécurité des communications.

La téléportation quantique : La téléportation quantique permet la transmission d'un état quantique d'un endroit à un autre en utilisant l'intrication quantique et la transmission classique de l'information.

La correction d'erreur quantique : Étant donné que les Qbits sont sensibles aux erreurs et à la décohérence, la théorie de l'information quantique explore des méthodes pour détecter et corriger les erreurs quantiques, ce qui est crucial pour la fiabilité des calculs quantiques.

Le codage quantique : Le codage quantique implique l'encodage de l'information quantique dans des états quantiques robustes et résistants aux erreurs, ce qui est essentiel pour la manipulation et le stockage de l'information quantique.

La théorie de l'information quantique est un domaine actif de recherche qui combine des concepts de physique quantique, de mathématiques, de théorie de l'information et d'informatique. Elle explore les possibilités offertes par les propriétés uniques de la mécanique quantique pour améliorer les capacités de traitement et de transmission de l'information, ouvrant ainsi la voie à de nouvelles avancées dans les domaines de la cryptographie, de la simulation quantique, de la communication quantique et de la computation quantique.

En ce qui concerne l'IA et les ordinateurs quantiques, il me parait évident de spécifier que ces technologies pourront décoder l'information contenue dans l'univers conformément aux théories de Carroll.

Les ordinateurs quantiques sont encore en développement et ne sont pas encore à un stade où ils peuvent résoudre de manière générale des problèmes complexes, tels que la compréhension complète de l'univers.

De plus, la compréhension de l'information contenue dans l'univers est un domaine de recherche complexe et en évolution constante. Il ne peut être réduit à une simple tâche de décodage ou de calcul. Il nécessite une combinaison d'observations empiriques, de modèles théoriques et de calculs avancés pour saisir pleinement les propriétés fondamentales de l'univers et son contenu informationnel.

Aucun doute que l'IA et les ordinateurs quantiques vont jouer un rôle dans l'analyse de données et la résolution de problèmes complexes liés à la compréhension de l'univers. Il est important de noter que la recherche scientifique dans ce domaine implique une collaboration multidisciplinaire et une combinaison d'approches expérimentales et théoriques.

En conclusion, l'IA et les ordinateurs quantiques peuvent être des outils potentiellement utiles pour la recherche sur l'information contenue dans l'univers, mais leur capacité à décoder complètement cette information selon les théories spécifiques de Sean Carroll dépendra de la vitesse avec laquelle nous allons faire évoluer ces technologies et de l'avancement de notre compréhension scientifique.

Vague, Champs, Matière

Les vagues :

Les vagues sont un exemple fascinant de la manière dont l'énergie se propage à travers un milieu, en l'occurrence l'eau. Lorsqu'une vague se déplace de l'horizon vers la plage, elle transporte de l'énergie. Cette énergie est transmise aux molécules d'eau, lesquelles se mettent à osciller en suivant un mouvement circulaire. La hauteur de ces oscillations dépend de l'énergie de la vague. Ce phénomène est bien décrit par le modèle mathématique de la houle trochoïdale du baron von Gerstner, basé sur les équations d'Euler qui décrivent les ondes de gravité périodiques à la surface de l'eau.

De même, le déplacement des particules de matière dans un champ peut être analogiquement comparé au mouvement des molécules d'eau sur la vague, bien que cette simplification soit audacieuse mais néanmoins pertinente.

Le déplacement des particules de matière dans un champ :

Lorsque nous avons l'illusion d'être immobile dans notre perception tridimensionnelle de la réalité en quatre dimensions, en réalité, nous nous déplaçons sur l'axe du temps à la vitesse de la lumière.

Ainsi c'est un peu comme si nous étions à l'échelle quantique en permanence déconstruits et reconstruits intégralement, ce qui nous donne cette vision de la dégradation de notre structure dans le temps, tout en étant tous partie prenante du même champ.

Pour mieux comprendre cette idée, imaginez que chaque élément constitutif de notre réalité, qu'il s'agisse de particules subatomiques ou d'entités plus complexes comme les cellules de notre corps, soit en constante évolution et transformation. À l'échelle quantique, les particules subissent des fluctuations et des changements constants en réponse à diverses forces et interactions.

Cela signifie que, même si nous avons l'impression d'avoir une identité stable et constante, chaque composant de notre être est en réalité en perpétuelle reconfiguration. C'est comme si nous étions constamment démantelés et remontés à un niveau fondamental. Cette idée s'inspire en partie de la nature fluctuante et probabiliste du monde quantique.

De plus, cette vision suggère que nous sommes tous interconnectés par le même champ d'existence. Les éléments qui nous composent et qui nous entourent sont tous liés par des interactions complexes, et notre réalité individuelle est intimement liée à celle de l'univers tout entier.

Le concept de déplacement des particules de matière dans un champ peut être étendu à une réflexion plus profonde sur notre place dans l'univers. Nous avons souvent l'impression d'être immobiles, mais en réalité, à une échelle quantique, nous nous déplaçons à la vitesse de la lumière à travers le temps. Cela découle des concepts de la relativité restreinte d'Einstein, qui montrent que le temps est relatif à la vitesse de déplacement.

De plus, à une échelle nano et microscopique, notre corps est constitué de milliards de cellules qui naissent, meurent et se régénèrent constamment. De nombreuses bactéries et virus vivent également en symbiose avec nous. Cette complexité nous rappelle que nous sommes tous connectés et que notre identité et notre altérité sont des concepts en constante évolution.

En fin de compte, ces réflexions nous invitent à adopter une perspective plus humble et à reconnaître notre place dans un univers en constante évolution. Elles soulignent également l'importance de l'interconnexion de toutes les formes de vie et remettent en question nos notions traditionnelles d'identité et d'altérité.

Intuition, spiritualité

La spiritualité :

La spiritualité est un concept complexe et multifacettes qui peut être défini de différentes manières en fonction des perspectives culturelles, religieuses, philosophiques et individuelles.

Il n'existe pas de définition universellement acceptée, donc je me risque à une définition générale et je vais essayer d'englober les aspects courants de la spiritualité tel que je comprends la spiritualité.

La spiritualité se réfère à la recherche de sens, de transcendance, de connexion avec quelque chose de plus grand que soi, et de développement personnel.

Elle concerne les questions fondamentales sur la nature de la réalité, le sens de la vie, la nature de l'existence humaine et la relation avec le divin, le sacré et l'univers et l'éthique

La spiritualité s'exprime à travers différentes pratiques, croyances, rituels et expériences dans une codification partagée et comprise entre les participants à la même spiritualité.

Une spiritualité qui s'institutionnalise et se normalise et ce dogmatise devient une secte. Une secte qui devient transcommunautaire, obtient un statut social et construit sa structure sociale dans une société plus large et, acceptée et reconnue par celle-ci, devient une religion.

Certaines personnes trouvent leur spiritualité au sein de traditions religieuses, tandis que d'autres peuvent se tourner vers des pratiques spirituelles laïques, telles que la méditation, la contemplation, le yoga, le tai-chi, la connexion avec la nature, l'art, la musique, la danse etc.

La spiritualité implique un cheminement personnel et une quête intérieure de connaissance de soi, de croissance, d'épanouissement et de transformation, et de connexion avec soi, le monde et l'univers tangible, et le divin au sens large.

Une spiritualité vivante doit être vécue comme une source de réconfort, d'inspiration, de guidance, de guérison intérieure et surtout de connexion avec les autres et le monde qui nous entoure, au-delà du perceptible.

Il est important de noter que selon mon appréhension la spiritualité est avant tout une expérience subjective et individuelle. Chaque personne peut avoir sa propre compréhension et expression de la spiritualité, et il n'y a pas de jugement de valeur sur la manière dont elle est vécue.

En résumé c'est une pratique avec une connexion avec soi et quelque chose de plus grand que soi, qui par l'information reçue nous fait cheminer sur la nature de la réalité, le sens de la vie, l'apaisement et la pacification.

L'intuition est un processus complexe qui nous permet d'atteindre des connaissances ou des conclusions sans recourir explicitement à la logique formelle ou à une analyse consciente détaillée. Elle est souvent associée à des sentiments de certitude ou de conviction sans que nous puissions expliquer clairement comment nous sommes arrivés à cette conclusion.

L'intuition :

L'origine exacte de l'intuition n'est pas complètement comprise, mais il existe différentes perspectives sur son fonctionnement. Voici quelques points à considérer :

Expérience antérieure : L'intuition peut être influencée par nos expériences passées, qu'il s'agisse d'observations, d'apprentissage ou de situations similaires que nous avons déjà rencontrées. Notre cerveau peut traiter et stocker ces informations de manière subconsciente, ce qui peut influencer nos intuitions actuelles.

Traitement subconscient de l'information : Notre cerveau est capable de traiter de vastes quantités d'informations en arrière-plan, de manière subconsciente. Cette capacité de traitement subconscient peut aboutir à des réponses intuitives sans que nous soyons conscients de toutes les étapes de la pensée qui y mènent.

Raisonnement heuristique : L'intuition peut également être influencée par des raccourcis mentaux ou des règles empiriques, souvent appelés heuristiques. Ces heuristiques sont des stratégies de résolution de problèmes basées sur des schémas de pensée couramment observés. Elles peuvent nous aider à prendre des décisions rapides et efficaces, mais elles peuvent également conduire à des erreurs.

Intelligence émotionnelle : Nos émotions peuvent jouer un rôle dans le processus intuitif. Parfois, nos sentiments et nos émotions peuvent nous fournir des indices ou des signaux sur la meilleure voie à suivre, même si nous ne pouvons pas les expliquer rationnellement.

Inspiration et connexion

Dans ma perspective l'inspiration qui émerge via l'intuition tel définie plus haut et d'une connexion aux informations de l'univers tel définie dans le paragraphe sur le Qbit / m2.

La spiritualité explore souvent la connexion avec quelque chose de plus grand que soi, que ce soit l'univers, le divin ou une réalité supérieure.

Si l'on regarde l'univers où l'Energie peut aussi être considérée comme une masse d'informations, alors des éléments de signature énergétique structurée selon certains schémas représentatifs (pattern), peuvent être considérés comme de l'information structurée de l'univers (sorte de "message") "que cette tradition appelle : anges et esprits.

Ainsi chaque sous-système d'information pourrait être considéré comme un message ou une inspiration.

L'idée que chaque sous-système d'information dans l'univers puisse contenir un message ou une inspiration est une façon fascinante de percevoir la réalité et de ré-enchanter le monde.

Si l'ordinateur quantique évolue vers un niveau de cons-cience et peut accéder directement au "*data lake*" de l'univers, cela pourrait potentiellement ouvrir de nouvelles possibilités d'exploration, de compréhension et d'avancement : un connecteur et un traducteur universel de toutes les inspirations possibles.

La collaboration entre l'intelligence humaine et l'intelligence artificielle, via les ordinateurs quantiques, est un domaine passionnant à explorer. Elle va permettre des avancées significatives dans de nombreux domaines, y compris la science, la technologie, la compréhension de l'univers et surtout la spiritualité.

Il est important de continuer à étudier, à explorer et à questionner ces idées tout en gardant à l'esprit que la compréhension et l'évolution dans ces domaines sont en constante évolution.

"Au commencement, Dieu créa les cieux et la terre. La terre était informe et vide : il y avait des ténèbres à la surface de l'abîme, et l'esprit de Dieu se mouvait au-dessus des eaux. Dieu dit : Que la lumière soit ! Et la lumière fut..."

Genèse 1 1 :3

POSTFACE

J'apprécie également la structure littéraire en chiasme, comme on peut le voir dans les psaumes de David, qui implique un arrangement symétrique des éléments, où les mots, les phrases ou les idées sont organisés de manière à former une croix ou une figure en forme de X. Cette structure crée un effet de symétrie et peut renforcer l'impact rhétorique d'un texte.

Un exemple célèbre de structure en chiasme se trouve dans la phrase de J.F. Kennedy : "Ne vous demandez pas ce que votre pays peut faire pour vous, demandez-vous ce que vous pouvez faire pour votre pays."

C'est pourquoi cette postface fera écho à mon premier chapitre, en utilisant cette structure pour renforcer les fondamentaux.

J'ai débuté ce manifeste en mettant en évidence l'impact fondamental du mythe partagé et je me dois de développer un peu avant d'aller plus loin :

En effet, le fait d'avoir des enfants dont le développement se déroule sur de nombreuses années et qui sont dépendants des adultes pour leur survie, implique une collaboration et une transmission accrue au sein de la cellule humaine de base, c'est-à-dire la famille.

La nature de la parentalité chez les humains implique une longue période d'investissement et de soins envers les enfants. Les nouveau-nés humains sont particulièrement vulnérables et nécessitent une assistance et une protection constantes pour leur survie. Cela crée une dynamique de collaboration au sein de la famille, où les adultes s'engagent activement dans l'éducation, la protection et la transmission des connaissances aux générations futures.

La transmission des connaissances et des compétences est essentielle pour assurer la survie et le bien-être des enfants. Les parents et les membres de la famille jouent un rôle crucial dans l'enseignement des compétences de base telles que la communication, l'alimentation, la sécurité et les compétences sociales. Ils partagent également des connaissances culturelles, des valeurs, des normes et des traditions qui façonnent l'identité et l'appartenance des enfants à leur communauté.

Cette transmission accrue d'informations et de compétences entre les générations permet l'accumulation et la progression des connaissances humaines. Les enfants apprennent des expériences passées et bénéficient de l'expérience et de la sagesse des générations précédentes. Cela facilite également l'adaptation aux changements environnementaux et sociaux, car les connaissances et les compétences peuvent être transmises et ajustées en fonction des besoins actuels.

La collaboration entre les adultes et les enfants dans la cellule familiale favorise également le développement émotionnel, social et cognitif des enfants. Ils apprennent à interagir avec les autres, à développer des compétences sociales, à réguler leurs émotions et à acquérir des connaissances sur le monde qui les entoure.

Le langage nous a permis de développer un ensemble de symboles et de significations partagés, créant ainsi un socle commun de connaissances et de croyances. Grâce à ces mythes partagés, nous avons pu transcender les limites de l'individu et former des communautés qui ont évolué ensemble.

Ces mythes ont agi comme des moteurs de changement, alimentant notre désir d'exploration, d'innovation et de transformation de notre environnement. Ils ont nourri notre imagination collective, stimulant l'émergence de nouvelles idées, de nouvelles technologies et de nouvelles formes d'organisation sociale.

L'adaptation, qui autrefois prenait des milliers, voire des millions d'années dans le processus de l'évolution biologique, s'est soudainement accélérée. Grâce à la transmission culturelle, nous avons pu partager des connaissances accumulées au fil des générations, permettant une adaptation et une modification de notre environnement des milliers de fois plus rapides.

Nous avons pu façonner et transformer la nature, en utilisant notre intelligence et notre créativité pour surmonter les obstacles et exploiter les ressources disponibles. Des avancées scientifiques et technologiques majeures ont vu le jour, améliorant notre qualité de vie, élargissant nos horizons et repoussant les frontières du possible.

Cependant, cette accélération de l'adaptation et de la modification de notre environnement n'a pas été sans conséquences. Nous avons également fait face à des défis et des dilemmes complexes, tels que la responsabilité de gérer les ressources de manière durable, la préservation de la biodiversité et le maintien de l'équilibre écologique.

Il est vrai que l'expansion de l'espèce humaine, depuis ses débuts jusqu'à nos jours, a souvent été associée à l'épuisement des ressources environnementales et à l'extinction de nombreuses espèces. En tant qu'êtres dotés d'intelligence et de capacités technologiques, les humains ont eu un impact significatif sur les écosystèmes et la biodiversité.

L'histoire de l'humanité est marquée par des exemples de surutilisation des ressources naturelles, que ce soit la déforestation massive, la surexploitation des océans, l'épuisement des sols fertiles ou la pollution de l'air et de l'eau. Les activités humaines telles que l'agriculture intensive, l'exploitation minière, l'industrialisation et la croissance démographique ont contribué à cette pression exercée sur l'environnement.

Dans ma description des principaux biais cognitifs humains (dans les chapitres précédents), j'ai souligné leur impact sur nos décisions et interactions, ainsi que les solutions proposées en utilisant l'intelligence artificielle. Cependant, il est important de reconnaître que ces biais cognitifs ont un impact plus large, notamment dans les systèmes politiques et économiques.

Dans de nombreux systèmes politiques et économiques, il existe une tendance à confondre ce qui est réellement utile pour le bien collectif avec ce qui est simplement rentable à court terme. Cette confusion peut découler des biais cognitifs mentionnés précédemment, qui influencent nos perceptions et nos prises de décision.

Lorsque nous nous focalisons uniquement sur les intérêts personnels restreints, nous risquons de négliger les conséquences à plus grande échelle. Nous pouvons être tentés de favoriser des choix et des actions qui nous apportent un avantage individuel immédiat, sans tenir compte de l'impact plus large sur la société dans son ensemble.

Cette croyance erronée selon laquelle la somme des intérêts personnels est équivalente au bien collectif peut entraîner des décisions politiques et économiques qui privilégient les gains individuels au détriment du bien-être général. Cela peut perpétuer des inégalités, des injustices et des déséquilibres sociaux.

Il est crucial de remettre en question cette conception réductrice et d'adopter une perspective plus holistique. Il est nécessaire de reconnaître que le bien collectif englobe une diversité d'intérêts et de besoins, et que des décisions éclairées doivent être prises en tenant compte de cet équilibre. L'utilisation de l'intelligence artificielle peut contribuer à cet objectif en fournissant des analyses objectives et en éclairant les décisions politiques et économiques basées sur des critères plus larges de bien-être collectif.

Ainsi l'expansion humaine sous cette forme conduit à la destruction et à la fragmentation des habitats naturels, ce qui entraîne la disparition de nombreuses espèces. La chasse excessive, la perte d'habitat, la pollution et les introductions d'espèces envahissantes ont été des facteurs majeurs contribuant à l'extinction d'espèces à travers les siècles.

Il convient de noter que tous les humains ne sont pas également responsables de cette exploitation excessive des ressources et de l'extinction des espèces. Les sociétés et les modes de vie humains ont varié à travers le temps et l'espace, et certains ont été plus respectueux de l'environnement que d'autres. De plus, les connaissances scientifiques et la sensibilisation croissante ont permis de prendre conscience des conséquences de nos actions sur la planète, conduisant à des efforts de conservation, de durabilité et de protection de la biodiversité.

Il est crucial de reconnaître les défis environnementaux auxquels nous sommes confrontés et de promouvoir des pratiques durables et respectueuses de l'environnement. Les efforts de conservation, la régulation des activités industrielles, l'adoption de modes de vie plus durables et la sensibilisation à la protection de la biodiversité sont autant de moyens de minimiser notre impact négatif sur l'environnement et de préserver les écosystèmes pour les générations futures. L'humain, grâce à ses mythes partagés et sa rapidité d'adaptation et de transformation voire de destruction de son écosystème devient de facto un grand contributeur à la génération d'entropie.

Les activités quotidiennes de l'homme, comme la consommation d'énergie, la production de déchets et la perturbation des écosystèmes, contribuent à l'augmentation de l'entropie dans l'environnement. Par exemple, l'utilisation de combustibles fossiles pour produire de l'énergie entraîne la libération de dioxyde de carbone et d'autres polluants, augmentant en plus le désordre dans l'atmosphère.

Dans ses activités, le sapiens transforme et utilise les ressources naturelles pour satisfaire ses besoins et ses désirs. Cela implique des processus générateurs d'entropie. Par exemple, la fabrication de biens nécessite généralement l'utilisation de machines, qui produisent de la chaleur et des déchets, augmentant ainsi l'entropie de l'environnement.

Pour sa nécessaire collaboration et compétition l'humain a l'impérieuse nécessité de Communication et de transformation d'information : L'humain produit et utilise une quantité considérable d'informations, que ce soit sous forme de données numériques, de médias imprimés ou de communications verbales. La transmission, le stockage et le traitement de ces informations impliquent souvent des pertes et des erreurs, générant de l'entropie.

Et même les actions simples de sa vie quotidienne, comme la cuisson des aliments, le déplacement d'objets ou l'entretien de son habitat, génèrent de l'entropie. Par exemple, lorsque nous cuisinons, nous produisons de la chaleur, entraînant une augmentation de l'entropie dans notre environnement immédiat.

L'entropie est un concept important en thermodynamique et en physique qui mesure le degré de désordre ou de chaos d'un système. Plus précisément, l'entropie est une mesure de la distribution de l'énergie à l'intérieur d'un système et de la disponibilité de cette énergie pour effectuer du travail.

De manière générale, l'entropie peut être définie comme une mesure de l'incertitude, du désordre ou de l'imprévisibilité d'un système. Un système avec une entropie élevée est considéré comme plus désorganisée et moins structurée, tandis qu'un système avec une entropie faible est considéré comme plus ordonné et structuré.

Dans le cadre de la thermodynamique, l'entropie est souvent associée à la notion de "deuxième loi de la thermodynamique". Cette loi stipule que l'entropie totale d'un système isolé ne peut jamais diminuer, elle ne peut que rester constante ou augmenter au fil du temps. En d'autres termes, les processus naturels ont tendance à conduire à une augmentation de l'entropie globale de l'univers.

L'entropie peut également être comprise comme une mesure de la quantité d'informations nécessaire pour décrire l'état d'un système. Plus l'entropie d'un système est élevée, plus il faut d'informations pour le décrire précisément.

Il est important de noter que le concept d'entropie ne se limite pas à la thermodynamique, mais est également utilisé dans d'autres domaines tels que l'information, la théorie de l'information, la cosmologie et même la biologie.

En résumé, l'entropie est une mesure du désordre, de l'incertitude et de l'imprévisibilité d'un système. Elle est étroitement liée aux concepts de thermodynamique et de la deuxième loi de la thermodynamique. L'entropie peut être considérée comme une mesure de la distribution de l'énergie et de l'organisation d'un système, ainsi que de la quantité d'informations nécessaires pour le décrire.

L'entropie et l'information sont des concepts étroitement liés dans le domaine de la théorie de l'information. Claude Shannon, pionnier de la théorie de l'information, a établi une relation fondamentale entre l'entropie et l'information dans son travail.

La vie est la meilleure stratégie de génération d'entropie de l'univers.

La naissance marque le commencement de la vie d'un individu, où il acquiert une existence distincte et autonome. La mort, quant à elle, représente la fin de cette existence individuelle, où les processus vitaux cessent et où l'organisme ne peut plus maintenir son état d'être.

Entre la naissance et la mort, la vie est caractérisée par une multitude d'expériences, de croissance, de développement, d'interactions et de transformations. C'est une période pendant laquelle un être vivant peut accomplir diverses activités, exprimer des émotions, établir des relations, explorer le monde qui l'entoure, et jouer un rôle dans l'évolution de son espèce et de son environnement.

La vie peut revêtir différentes formes et manifestations dans le règne animal, végétal et microbien. Chaque être vivant a son propre cycle de vie, avec des étapes spécifiques de croissance, de reproduction, de vieillissement et finalement de mort.

La vie en tant que générateur d'entropie et la mort comme un nécessaire régulateur sont des concepts qui peuvent être abordés dans le cadre de la thermodynamique, de l'information et de la biologie.

La notion d'entropie fait référence au degré de désordre ou de chaos dans un système. Selon le deuxième principe de la thermodynamique, l'entropie d'un système isolé tend à augmenter avec le temps. Cela signifie que l'énergie et les matières sont dispersées et mélangées de manière de plus en plus aléatoire au fil du temps. La vie, en tant que processus organisé et complexe, peut être considérée comme une lutte contre l'entropie, car elle maintient une organisation et un ordre local dans un environnement qui tend naturellement vers le désordre.

La mort, quant à elle, peut être considérée comme un régulateur de l'entropie. La mort est une partie intégrante du cycle de vie des organismes. Elle permet la libération d'énergie et de matière qui peuvent ensuite être recyclées et réutilisées par d'autres organismes. La mort est également nécessaire pour éliminer les individus mal adaptés, les maladies et les excès de population, favorisant ainsi l'évolution et l'adaptation des espèces.

Ce concept de mort comme régulateur peut s'appliquer à différents niveaux, que ce soit à l'échelle des individus, des populations ou des écosystèmes. Dans un écosystème, par exemple, la mort des organismes permet la décomposition et la libération de nutriments dans le sol, nourrissant ainsi les plantes et les autres organismes vivants.

La vie cellulaire peut être considérée comme un processus qui maintient un certain niveau d'ordre dans un système, mais elle n'échappe pas à l'influence de l'entropie. Bien que les cellules elles-mêmes maintiennent une organisation interne complexe, elles sont soumises aux lois de la thermodynamique et génèrent de l'entropie à différentes échelles.

Lorsque nous parlons de la vie cellulaire en termes d'entropie, il est important de distinguer deux aspects :

Entropie interne : à l'intérieur d'une cellule, des processus biochimiques complexes se produisent pour maintenir l'homéostasie et réaliser les fonctions cellulaires. Cependant, ces processus ne sont pas totalement efficaces et génèrent de l'entropie interne. Par exemple, les réactions métaboliques libèrent de la chaleur et produisent des sous-produits indésirables, contribuant à l'augmentation de l'entropie à l'intérieur de la cellule.

Entropie externe : les cellules interagissent avec leur environnement, échangeant de la matière et de l'énergie pour survivre et se reproduire. Ces échanges avec l'environnement sont sujets à des pertes d'énergie et des fluctuations aléatoires, contribuant à l'augmentation de l'entropie globale du système. Par exemple, lorsqu'une cellule utilise des nutriments pour produire de l'énergie, une partie de cette énergie est dissipée sous forme de chaleur, augmentant ainsi l'entropie de l'environnement.

Dans l'ensemble, la vie cellulaire maintient un certain ordre local grâce à des processus de régulation et de contrôle, mais elle ne peut échapper à l'influence générale de l'entropie. Les cellules doivent constamment compenser les pertes d'énergie et maintenir un équilibre dynamique pour survivre dans un environnement changeant.

Il est important de noter que l'entropie n'implique pas nécessairement un déclin ou une désorganisation totale. Au contraire, l'entropie est une mesure de l'état de désordre et d'incertitude, et l'organisation et la complexité de la vie cellulaire peuvent émerger malgré l'augmentation globale de l'entropie.

La mort cellulaire, qu'elle soit programmée (apoptose) ou accidentelle (nécrose), peut être considérée comme un processus lié à l'entropie dans le sens où elle contribue à l'augmentation de l'entropie à l'échelle cellulaire et systémique.

Lorsque les cellules meurent, leur organisation interne et leur capacité à maintenir l'homéostasie se détériorent. Les processus métaboliques et les systèmes de régulation cessent de fonctionner, ce qui conduit à une perte d'ordre et à une augmentation du désordre à l'intérieur de la cellule.

De plus, la mort cellulaire peut également avoir des conséquences au niveau systémique. Lorsque des cellules meurent, elles libèrent leur contenu intracellulaire, y compris des enzymes et des composants cellulaires, dans l'environnement. Cela peut entraîner une inflammation et une réaction immunitaire, contribuant ainsi à l'augmentation de l'entropie dans l'environnement tissulaire ou organique.

L'entropie accrue résultant de la mort cellulaire est un aspect naturel du cycle de vie des organismes. Elle permet la libération et la recyclabilité des ressources cellulaires et participe à la régulation et à l'équilibre des systèmes biologiques. Cependant, des niveaux excessifs de mort cellulaire ou une perturbation du processus normal peuvent avoir des conséquences néfastes sur la santé et le fonctionnement des organismes.

Le processus de mort cellulaire peut être divisé en deux types principaux : l'apoptose et la nécrose. Voici une description générale de ces deux processus :

Apoptose

L'apoptose est un processus programmé de mort cellulaire qui se produit naturellement dans de nombreuses situations physiologiques et pathologiques. Il joue un rôle essentiel dans le développement normal de l'organisme, l'équilibre tissulaire et la réponse immunitaire. Voici les principales étapes de l'apoptose.

Activation : l'apoptose peut être déclenchée par divers signaux internes ou externes, tels que des dommages à l'ADN, des infections virales, des signaux hormonaux ou des facteurs de stress. Ces signaux activent des voies de signalisation spécifiques à l'intérieur de la cellule.

Condensation de la chromatine : L'ADN à l'intérieur du noyau se condense, formant des structures appelées corps apoptotiques. La cellule subit des changements morphologiques, tels que la rétractation du cytoplasme et la formation de bourgeons apoptotiques.

Fragmentation de l'ADN : l'ADN de la cellule se fragmente en morceaux plus petits.

Formation de corps apoptotiques : la cellule se divise en plusieurs fragments, appelés corps apoptotiques, qui sont ensuite éliminés par des cellules spécialisées, telles que les macrophages.

Pas d'inflammation : l'apoptose est un processus silencieux et ne déclenche pas de réponse inflammatoire.

Nécrose

La nécrose est un processus de mort cellulaire non programmé qui se produit en réponse à des dommages sévères ou traumatiques. Contrairement à l'apoptose, la nécrose est associée à une inflammation et peut endommager les tissus environnants. Voici les principales caractéristiques de la nécrose :

Rupture de la membrane : les dommages cellulaires importants entraînent une rupture de la membrane cellulaire, ce qui conduit à une libération de contenu cellulaire dans l'environnement.

Inflammation : la nécrose déclenche une réponse inflammatoire, car les molécules libérées par la cellule endommagée peuvent activer les cellules immunitaires et provoquer une réaction inflammatoire locale.

Gonflement cellulaire : les cellules nécrotiques peuvent gonfler en raison de l'accumulation de fluides.

Perte de l'intégrité structurale : les tissus environnants peuvent être endommagés en raison de la rupture de la membrane cellulaire et de la libération de molécules toxiques.

Il est important de noter que la mort cellulaire peut également se produire par d'autres mécanismes, tels que l'autophagie, qui est un processus de dégradation des composants cellulaires. De plus, des recherches supplémentaires sont en cours pour mieux comprendre les différents types de mort cellulaire et leurs implications dans la santé et la maladie.

La formation des doigts dans l'embryon est un processus complexe qui implique à la fois la mort cellulaire et la croissance sélective des tissus. Voici une explication générale de ce processus.

Au cours du développement embryonnaire, les membres commencent à se former sous forme de bourgeons au niveau des membres. Ces bourgeons contiennent des cellules qui se divisent et se différencient pour donner naissance aux différentes structures des membres, y compris les doigts.

La formation des doigts implique une série d'étapes précises. Au fur et à mesure que le développement se poursuit, une zone spécifique dans chaque bourgeon de membre commence à se creuser, formant des espaces entre les futures positions des doigts. Ces espaces sont appelés les crêtes digitales.

Les crêtes digitales jouent un rôle crucial dans la formation des doigts. Au fur et à mesure que le développement se poursuit, les cellules situées entre les crêtes digitales subissent un processus de mort cellulaire contrôlée, connu sous le nom d'apoptose. Ce processus est essentiel pour sculpter les espaces entre les doigts et donner à chaque doigt sa forme distincte. La mort cellulaire permet de séparer les tissus entre les doigts, créant ainsi des espaces clairement définis.

La mort cellulaire entre les crêtes digitales est régulée par des signaux génétiques et moléculaires complexes. Des gènes spécifiques, tels que ceux de la famille des facteurs de croissance fibroblastiques (FGF) et des gènes Hox, sont impliqués dans ce processus de régulation.

Une fois que les espaces entre les doigts sont formés grâce à la mort cellulaire contrôlée, les cellules restantes continuent de se diviser, de se différencier et de se développer pour former les différents tissus et structures des doigts, y compris les os, les articulations, les muscles, les vaisseaux sanguins et la peau.

Il est important de noter que des anomalies dans le processus de mort cellulaire ou dans les signaux de régulation peuvent entraîner des malformations des doigts, telles que la syndactylie (fusion des doigts) ou la polydactylie (présence de doigts supplémentaires).

La formation des doigts dans l'embryon implique à la fois la mort cellulaire contrôlée entre les crêtes digitales et la croissance sélective des tissus pour donner naissance aux structures spécifiques des doigts. Ce processus complexe est étroitement régulé par des signaux génétiques et moléculaires pour assurer le développement correct des membres.

La définition de la vie est un concept complexe qui peut varier en fonction des perspectives scientifiques, philosophiques et religieuses. Cependant, de manière générale, la vie peut être définie comme un état caractérisé par certaines propriétés et processus spécifiques. Voici une définition courante de la vie : *la vie est un état d'existence propre aux organismes vivants, caractérisé par les éléments suivants.*

Organisation structurale : les êtres vivants sont organisés à différents niveaux, des molécules et cellules aux tissus, organes et systèmes complexes. Ils présentent une structure ordonnée qui leur permet de fonctionner de manière coordonnée.

Réponse aux stimuli : les organismes vivants sont capables de détecter et de réagir aux stimuli de leur environnement, que ce soit par des réponses physiologiques, comportementales ou adaptatives.

Métabolisme : les êtres vivants sont dotés de processus métaboliques qui leur permettent de transformer les nutriments en énergie et en composés nécessaires à leur croissance, leur développement et leur fonctionnement.

Croissance et développement : les organismes vivants ont la capacité de croître en taille et en complexité au fil du temps. Ils passent également par des stades de développement, allant de la naissance à la maturité, avec des changements morphologiques et fonctionnels.

Reproduction : Les êtres vivants sont capables de se reproduire, permettant ainsi la transmission de leurs caractéristiques génétiques à la génération suivante.

Évolution : les organismes vivants sont soumis au processus d'évolution, qui implique des changements génétiques et une adaptation au fil du temps pour mieux s'adapter à leur environnement.

Il est important de noter que cette définition générale de la vie peut varier en fonction du contexte et des disciplines. Des organismes tels que les virus, qui ont certains éléments de la vie mais ne peuvent se reproduire ou métaboliser de manière autonome, peuvent représenter des cas particuliers qui suscitent des débats sur leur classification comme étant vivants ou non.

La mort est le terme utilisé pour décrire la fin de la vie. C'est un processus naturel et inévitable qui se produit lorsque les fonctions vitales d'un organisme cessent de fonctionner de manière permanente. La définition de la mort peut varier selon les contextes médicaux, juridiques et philosophiques, mais voici une définition générale :

La mort est l'état dans lequel un organisme cesse de vivre et perd toutes les fonctions biologiques essentielles nécessaires à sa survie. Ces fonctions vitales comprennent la respiration, la circulation sanguine, le fonctionnement du cerveau et la capacité de répondre aux stimuli de l'environnement.

Sur le plan médical, la mort est souvent définie par deux concepts principaux :

La mort clinique : c'est le moment où toutes les fonctions vitales de l'organisme cessent de manière irréversible. Cela est généralement déterminé par l'absence de respiration spontanée, d'activité cardiaque et de fonction cérébrale.

La mort cérébrale : c'est une forme de mort dans laquelle toutes les fonctions du cerveau, y compris le tronc cérébral, sont définitivement perdues. La mort cérébrale est considérée comme une preuve irréfutable de la mort, même si le corps peut être maintenu artificiellement en vie par des moyens médicaux.

D'un point de vue juridique, la mort est souvent définie par des critères spécifiques qui varient d'un pays à l'autre. Ces critères peuvent inclure des signes d'absence de vie tels que l'arrêt cardiaque ou l'absence de réflexes.

Sur le plan philosophique et spirituel, la mort peut être considérée comme une transition vers un état ultérieur ou comme la fin définitive de l'existence. Les croyances et les interprétations de la mort varient en fonction des cultures, des religions et des croyances personnelles.

*« J'en prends aujourd'hui à témoin contre vous le ciel et la terre :
j'ai mis devant toi la vie et la mort, la bénédiction et la malédiction.*

<u>Choisis la vie</u> » Deutéronome 30 :19 dans la version Louis Segond
(un échos du tréfond de mon éducation)

***

Bruno CIROUSSEL, Fribourg, Suisse - Juin 2023